Harald Gerunde
Eine von uns

P H
V

Harald Gerunde

Eine von uns

Als Schwarze in Deutschland geboren

Peter Hammer Verlag

Fotos: Privatbesitz des Autors

Die Deutsche Bibliothek – CIP Einheitsaufnahme
Ein Titeldatensatz für die Publikation ist bei
Der Deutschen Bibliothek erhältlich.

Umschlaggestaltung: Magdalene Krumbeck
Umschlagfoto: Privatbesitz des Autors
Satz: Greiner & Reichel, Köln
Druck: Wiener Verlag

Eine von uns

1 Als in Kindia die alten Männer in den Hof kamen, festlich gekleidet für die Begrüßung der Gäste, habe sie sich gefühlt, als sei sie endlich heimgekehrt: an ihren Ort, zu ihren Leuten, wie nach langer Abwesenheit.

Wenn es stimmt, was sie im Voodoo glauben, daß die Toten nach Guinea gehen, saßen vielleicht auch andere hier, ihre Ahnen, die schwarzen Ahnen jedenfalls, die Frauen bei den Frauen mit den bunt bedruckten Wickelröcken, die Männer bei den Männern in den prächtigen Boubous.

Grandma Rosie kauerte dann dort, ihre Urgroßmutter, die die Sklaverei noch kannte. Und ihre schwarze Großmutter, die nach dem Tod die Reise von Washington hierher gemacht hatte, mahnte dann und wann eines der Kinder, sich ordentlich zu benehmen, indem sie es am Hemd zupfte – und das sähe sich erstaunt um, denn da wäre niemand, und doch hätte es deutlich eine Hand gespürt, und es bekäme Angst, weil es ahnte, was für eine Hand das war.

Auch ihr schwarzer Großvater hätte sich dazugesetzt, hätte atmen können, wie er es im Leben nicht mehr gekonnt hatte nach dem Gasangriff an der Somme, und ihr Vater wäre da, dem Mann mit der goldbestickten Kappe zugewandt, und der sähe beim Zuhören in eine so weite Ferne, daß sein Blick dem Blick eines Blinden gliche.

Und die Schatten von den Plantagen wären da, die Gebrandmarkten, Ausgepeitschten, die ihre Namen vergessen mußten, die eine Überfahrt zwischen Leichen überlebt hatten.

Das wären die schwarzen Ahnen. Aber wohin gehören die weißen? Ihr Großvater, der Feldwebel Paul Albert Georg Hilbert? Laut Militärpaß ist er mit der I. Feld Telegr. Abt. der Schutztruppe für Deutschsüdwestafrika dabeigewesen beim »Herero u. Hottentottenfeldzug 04/07« (da haben sie für Kaiser und Volk und Vaterland etwa drei Viertel der Herero getötet). In China hat er Erinnerungsfotos von Geschundenen gemacht und sie später ins Album geklebt. Wohin gehört der? Und wohin gehört seine Frau Henriette, die geliebte Großmutter, die das Nachkriegskind in Bielefeld umsorgt hat, das jetzt hier in Kindia saß und Hände und Hände schüttelte und sich fühlte, als sei es heimgekehrt ... (Die Hände schütteln, das heißt: den Segen weitergeben, den man in den Gebeten empfängt.)

Bärbels Geschichte, wie ich sie hier erzähle, ist nichts Privates, niemand ist privat, nur er oder sie selbst und kein anderer. Jeder ist auch all die anderen. Und Bärbels Geschichte spielt auf mehreren Kontinenten in mehreren Jahrhunderten; es geht um Kriege, Fußfesseln, Preislisten, um ein Straußenei, gefaltete Fahnen, Widersprüche, Fragen.

In ganz Westafrika und, nachdem die Sklaven nach Nord- und Südamerika verschleppt wurden, auch dort, ist eine besondere Art der Textilherstellung verbreitet. Man webt schmale Tuchstreifen, in sich wieder mit Streifen unterschiedlicher Breite und Farbe gemustert, dann näht man die Tuchstreifen zu größeren Bahnen zusammen, mit ihren Mustern dabei unterschiedlich gegeneinander versetzt. Auf diese Weise entstehen unterteilte Flächen mit Übergängen, Wiederholungen, Parallelen, Abweichungen und unerwarteten Kontrasten. So ist auch Bärbels Geschichte gewebt und vernäht.

Weiße Haut ist nicht weiß und schwarze nicht schwarz, und doch ist weiße Haut weiß und schwarze schwarz, das macht den Unterschied und das hat überall den Unterschied gemacht. Hätte ich ein blondes Mädchen angelacht, weil der Tag schon als mein ganz persönlicher Tag angefangen hätte mit seinem Magnolienduft, mich hätten sie nicht am Abend kastriert und mit Benzin übergossen und angezündet.

Mbemba Fofana nannte mich »Bruder«, weil die Hautfarbe keinen Unterschied macht: wir haben alle denselben Anfang, sind Gottes Geschöpfe, haben alle dieselben ersten Vorfahren. Ihn, den Gelehrten, zählten die Franzosen zu den Analphabeten, weil er nur arabisch schreiben und lesen konnte, und nicht den Figaro las, sondern den Koran. In der dreißigsten Sure heißt es: »Und unter Seinen Zeichen ist dies, daß Er euch aus Erde erschuf, alsdann, siehe, seid ihr Menschen, die sich (weithin) verbreiten. ... Und unter Seinen Zeichen ist die Schöpfung der Himmel und der Erde und die Verschiedenheit eurer Sprachen und Farben. Hierin sind wahrlich Zeichen für die Wissenden.«[1] Lest die Wirklichkeit als Text, lest eure Verschiedenheit als einen Text, den Gott, vor dem ihr alle Rechenschaft ablegen müßt, euch offenbart hat!

Am Rand saßen die Frauen mit den Kindern, dicht gedrängt, und in der Mitte des Hofes die Männer. Die Gäste stellen sich niemals selbst vor, sondern ein Mittler erzählt den Anwesenden alles Wissenswerte über sie, und einer der Zuhörer wird bestimmt, um ihn während seiner Rede durch Zurufe zu bestätigen.

2

»Er war Idealist!« sagte Bärbels Mutter über den Mann, den sie heiraten wollte. Damals mußte man sich für seine Ideale noch nicht schämen. Man war deutsch, nordisch, ausersehen. Wie hatte doch der Reichsführer SS gesagt: »Seit Jahrtausenden war es der Auftrag dieser blonden Rasse, die Erde zu beherrschen und ihr immer wieder Glück und Kultur zu bringen.«[2] Der Idealist war Rechtsanwalt, ihr Lehrherr und späterer Arbeitgeber.

Sie war bei ihm längst nicht mehr nur als Anwaltsgehilfin tätig, sie schrieb auch für die SS, den SD, Arbeitsgruppe »Stimmung und Haltung des deutschen Volkes«, die Berichte gingen nach Berlin ans Reichssicherheitshauptamt.

SS-Gruppenführer Otto Ohlendorf, bekanntgeworden als Leiter einer Einsatzgruppe in Rußland, die in den Jahren 1941 und 1942 ungefähr neunzigtausend Menschen ermordete, hatte die Idee gehabt, »ein Organ zu schaffen, das an Stelle einer öffentlichen Kritik die Staatsführung gleichwohl in die Lage versetzen sollte, die im Volke vorhandenen oder entstehenden Auffassungen kennenzulernen und zu berücksichtigen«.[3] So verfaßte man seit 1937 in allen SD-Dienststellen im Reich fortlaufend entsprechende Berichte.

Das Anwaltsbüro wurde zum Jahresende 1944 geschlossen. In ihrem Zeugnis heißt es: »... und ich hoffe, dass sie nach Wiedereröffnung wieder zu mir zurück kommt.«

In diesen letzten Kriegswochen gab es für Anwaltsgehilfinnen endgültig so wenig zu tun wie für Rechtsanwälte, und so arbeitete sie nur noch für die SS, in Zweischlingen, in diesem großen Haus an der Straße von Bielefeld nach Osnabrück, saß dort im Keller und wertete Feindpropaganda aus. Sie las Flugblätter, die abgeworfen worden waren und hörte die Sendungen der BBC; andere, die das gleiche, wozu sie abgestellt war, privat taten, haben es auch ohne Rechtsanwalt nicht überlebt.

Es wurden ständig Angriffe geflogen, und manchmal holte sie ihre Mutter nach Zweischlingen, denn die war inzwischen so müde, daß sie daheim gar keinen Schutz mehr suchte, wenn die Bomber kamen, ganz gleich wie, es sollte nur endlich vorbeigehen. Manchmal fuhr auch der Idealist auf seinem Fahrrad zu ihr hinaus, so auch an diesem Abend im Januar oder Februar Fünfundvierzig.

»Hast du Papier und einen Stift für mich?«

»Wozu brauchst du das?«

»Weil ich mein Testament machen will.«

Sie war empört: »Wieso denn, was soll das denn!«

Also fuhr er weg, ohne sein Testament gemacht zu haben. Das war schade, denn am nächsten Tag fand man seine Leiche: er hatte begriffen, daß der Krieg verloren war. Wenn sie ihm Papier und Bleistift gegeben hätte, wäre das kleine Vermögen vielleicht an sie und nicht an seine Familie gegangen.

Bärbels Mutter hat, zwischen den Fotos von Familienfeiern und den Urlaubsbildern auch zwei kleine Fotos des Idealisten aufbewahrt: ein rundes Gesicht, Hornbrille, Glatze, fliehendes Kinn, einmal im Profil, einmal im Halbprofil, die Krawatte quillt aus der Weste hervor. Es ist kein freundliches Gesicht, nicht einmal ein unfreundliches, Adjektive wie »freundlich« und »unfreundlich«, »gütig« und »streng«, »offen« und »verschlossen« taugen nicht dazu, es zu beschreiben. Am ehesten könnte man noch sagen, es sei ein Gesicht, das verschiedene Nuancen von Mißgunst sehr differenziert ausdrücken könnte.

Damit hätte man vielleicht nicht nur sein Gesicht, sondern zugleich auch seine Zeit und seine Kultur beschrieben.

3

Sie marschierten im April durch die Straßen von Bielefeld, in der Einheit nur Schwarze (die Army achtete darauf, sauber zu trennen). »Wir haben Bielefeld von den Deutschen befreit«, sagte Bärbels Vater später.

Die Leute standen am Rand und schlugen die Hände vors Gesicht, als sie die schwarzen Männer sahen. Was würde nur werden? Die Ängstlichen hielten sich versteckt. Man hatte doch gehört, daß … Die ganz Mutigen feuchteten den Zeigefinger an und rieben an der Haut eines Soldaten: wirklich, die Farbe war echt!

Ein gefangener SS-Mann fragte in perfektem Englisch mit amerikanischem Akzent nach Babe Ruth und den New York Yankees – er hatte vor dreiunddreißig in den USA gelebt und war dann, auch er ein Idealist, nach Deutschland gekommen, als das Vaterland ihn brauchte. Für die Idealisten war der Krieg jetzt verloren, gut also, wenn man sich an englische Vokabeln und an die Baseballregeln erinnern konnte. »Die SS hatte sehr schöne Stiefel«, sagte Bärbels Vater.

In einem großen grauweiß verputzten Haus hinter dem Brackweder Bahnhof, das man von der Textilfirma Seidenstikker requirierte, wurden die Soldaten untergebracht. Bärbel kam später oft an diesem Haus vorbei auf dem Weg nach Brackwede: zur Eisdiele, zum Fischgeschäft ihres Onkels Georg, zum Einkaufen mit ihrer Großmutter, später auf dem Schulweg zur Realschule.

»Kind, du weißt ja nicht, wie das damals war.« Die ausgezehrten Frauen begannen, um das Haus herumzustreichen. Man hatte Angst, aber man hatte auch Hunger. Man wußte: die Soldaten gaben Kindern Schokolade.

Die GIs wurden aufmerksam und bedeuteten den Fräuleins, sie sollten doch hereinkommen und essen, und die kamen und verschlangen Weißbrot und Corned Beef. Die Rasse ist eins und der Magen ein anderes, und auch er hat seine eigene Vernunft. Der Führer war tot und mit ihm der Idealismus; die Vorsehung hatte den Endsieg doch nicht gewollt.

»Sie haben uns zu essen gegeben, wir waren ja fast verhungert.« Und mit ironischem Tonfall fügte Bärbels Mutter hinzu: »Dein Vater war so vornehm, mit Menjou-Bärtchen und immer mit gepflegten Fingernägeln, auf die hat er sehr geachtet. Er hat sich sogar von den Weißbrotscheiben die Rinde abgeschnitten, so vornehm war er.«

Nach der Sperrstunde fuhr man die Frauen mit dem Jeep heim. Den Soldaten war das Fraternisieren untersagt, ach, na wenn schon …

Sie sahen sich wieder, und Bärbels Mutter nahm ihn mit nach Hause. »Aber man kann keinem trauen«, sagte Bärbels Vater. »Ich hatte immer die Pistole unter der Uniformjacke, so, daß es keinem auffiel.« Da waren Bärbels Mutter und ihr Bruder Hugo, ihre Schwester Lieselotte und Paul, deren Mann, »ein echter Gentleman« (eine Einschätzung, der Bärbel, die später ihre eigenen Erfahrungen mit ihrem Onkel Paul machte, ganz sicher nicht zustimmen konnte). »Und da war deine Großmutter. Ich habe sie sehr gemocht. Sie hat mich so an meine eigene Mutter erinnert.«

Die Brocken Deutsch, die er sich angeeignet hatte, taugten gerade, um Gefangenen klar zu machen, wer es jetzt war, der Befehle gab, und was sie zu tun und zu lassen hatten. Ilse verstand ein bißchen Englisch, und ansonsten behalf man sich mit Gesten und Grimassen. Das war nicht so schwer, denn in dieser Zeit gingen die Gespräche um einfache Dinge.

(Ein paar Mißverständnisse gab es doch: so glaubte Ilse etwa, er habe Inder gemeint, als er sagte, unter seinen Vorfahren seien auch »Indians« – und Inder, das war schon irgendwie besser.)

Wie jung er damals war! Dieses Foto, auf dem er stolz in seiner schmucken Uniform posiert, die Hände in die Hüften gestemmt, als Draufgänger, der das Leben erobern will – er denkt nicht daran, daß man es im Krieg eher mit dem Tod zu tun bekommt als mit dem Leben. Daheim in den Staaten hatte er schlecht bezahlt und ohne Aussichten in Hotels gearbeitet, John T. Ballinger, Sohn des Ed Ballenger und seiner Frau Callie (über die Schreibweise des Nachnamens konnte man sich nicht so recht einigen), hatte Tische abgewischt, an der Tür gestanden, Koffer getragen, »Yes, Sir!«, »Thank you, Sir!«. Ein Krieg war die Gelegenheit für Schwarze: das Vaterland würde für seine Helden sorgen. Er hatte sich für die Armeepapiere älter gemacht, als er war, aber die Army wird gar nicht so genau hingesehen haben.

Im Ausbildungslager hatte man ihnen Filme gezeigt, hatte ihnen beigebracht, woran man die Nazis erkennen konnte, wie die sich bewegten, wie sie die Zigarette hielten. Jetzt saß er hier am Kopfende des Eßtisches, dort, wo immer die Gäste saßen, und verbarg seine Pistole unter der Jacke; mit fünfundzwanzig hatte er mitansehen müssen, wie es einem Kameraden den Kopf wegriß.

Später, im Alter, würden die Erinnerungen wiederkommen, Bilder, Träume im Halbschlaf, er würde nächtelang im stickigwarmen Wohnzimmer seines Hauses sitzen und an tote Kameraden und verminte Häuser denken. »Es kommt und geht, aber wirklich vergessen kann man es nie. Und du denkst dir: trau keinem mehr, nie mehr! Zivilisten begreifen das nicht, denen kannst du das auch nicht erklären. Als alter Soldat verstehst du dich eben nur noch mit anderen Veteranen richtig.«

Im National Air and Space Museum zeigte er uns, wo, unbeachtet von all den Besuchern, die Raumschiffe und Mondgestein sehen wollten, die Fotos der Piloten der 99th Pursuit Squadron hingen: die erste schwarze Fliegereinheit, junger Männer vor ihren Bomberflugzeugen, in Draufgängerpose wie er damals.

Er wandte sich an den schwarzen Museumswärter: »Nicht wahr, unser Beitrag wird immer heruntergespielt, es wird gar nicht genügend gewürdigt, was wir im Krieg geleistet haben.«

»Das stimmt,« sagte der andere alte Mann, »das stimmt wirklich, Sir. Und wo haben Sie gedient?«

Auf den rotbraunen Dielenbrettern lag ein Teppich mit geometrischem Muster; von der Decke hing eine Lampe, deren vier Arme jeweils eine Schale aus gelblichem Glas mit einer Glühbirne trugen. Er saß am Kopfende und sah zu den Fenstern hinüber. Auf diesen Fensterbänken standen später immer Blumen: Alpenveilchen, solche, die »Pantöffelchen« und solche, die »Judenbart« heißen. Über dem Sofa an der rechten Wand hing ein Bild, eine hübsche Heidelandschaft mit Birken; daheim in Washington hing auch ein Bild über dem Sofa, eine andere Landschaft.

Bärbels Großmutter bereitete Mahlzeiten zu aus dem, was er mitbrachte, und es duftete nach Kaffee, richtigem Bohnenkaffee, den sie so gerne trank.

Der Krieg war vorbei, aber hieß das etwa, daß man jetzt jemandem trauen konnte? Der hier, das war die Besatzungsmacht und außerdem ein Neger. Wie die sind ... was weiß man denn ... man weiß doch ... Aber er war sauber und roch nicht, wie man erwartet hätte, und er hatte gute Manieren. Die hier, das waren die, deren Väter und Brüder und Männer man zuhause in der Wochenschau gesehen hat, junge Männer, die Arme hochrissen und »Sieg Heil!« brüllten, marschierende Kolonnen, die durch irgendeine französische oder polnische Stadt zogen und Lieder gröhlten und Leute an die Laternen hängten. Es hatte eine Explosion gegeben, und Kameraden waren stöhnend verblutet. Die hier, das waren zwei halbverhungerte junge Frauen, neugierig und ängstlich, und eine resolute ältere, die an die Mutter erinnerte.

In diesem Zimmer kam es einem vor, als säße man in einem Museum. Links in der Ecke stand ein Klavier, und darauf, links und rechts der Klavierlampe, meditierten zwei chinesische Buddhas aus schwarzem Holz, deren dicke Bäuche mit Silberdraht verziert waren (wie seltsam, solche prallen Holzbäuche in dieser Hungerzeit!). Wenn er am Tisch saß, hatte er die beiden Bücherschränke im Rücken. Im einen waren Bücher, aber in der anderen Vitrine standen Täßchen und Tellerchen, Porzellangeschirr aus China, in zarten Farben bemalt und dünn wie Eierschalen, ein Armband aus chinesischen Münzen, ein winziges Tischchen mit winzigen Stühlchen, ebenfalls aus Münzen gefertigt, und verzierte Kugeln aus verschiedenfarbigem Glas, auf ein Holzbrett gesteckt (Rangabzeichen, die chinesische Beamte auf ihren Mützen trugen), ein Zinnbecher und ein Straußenei aus Afrika. Auf den Schränken standen große Plastiken aus dunklem Holz, ineinander verschlungene Drachen, verziert mit Silberfäden, ein kleiner Amboß, denn der verstorbene Hausherr war gelernter Schlosser, und dies war sein Gesellenstück, ein Segelschiff in einem Glaskasten, denn der verstorbene Hausherr war zur See gefahren, und dies alles waren seine Schätze aus Übersee.

Die geschliffenen Glasscheiben in der Zimmertür sahen aus, als wären sie von Eisblumen bedeckt. Wenn Bärbel später zu Weihnachten ungeduldig vor der Tür stand, konnte sie, so sehr sie sich auch anstrengte, nichts von dem Geheimnisvollen erkennen, das im Zimmer vor sich ging. In den Jahren nach dem

Krieg war es wirklich oft sehr kalt im Wohnzimmer. Einen der Buddhas tauschte Bärbels Mutter später gegen ein Bett ein, das muß 1959 oder 1960 gewesen sein.

4 Überraschend starb Präsident Roosevelt. Der Vormarsch verzögerte sich, und die 640th Ordnance Ammunition Company blieb bis Ende Juni in Bielefeld, also blieb auch John T. Ballinger.

Er kam weiterhin in die Wohnung, die wie ein Museum wirkte und nicht wie ein Gestapokeller; die Frau, die ihn an seine Mutter erinnerte, kochte für ihn; die jungen Frauen waren immer noch neugierig, aber aus der Angst wurde eine kokette Scheu. Er lernte ein paar deutsche Wörter, die freundlicher klangen als das gerollte und gezischte »Raus!«, das für die SS-Männer bestimmt war. Der Frühling kam, dann der Frühsommer, so einfach ist das immer wieder, und es wird noch viel einfacher, wenn man nur lang genug mit dem Tod umgegangen ist, neben ihm einschlief und erwachte, aß und seine Notdurft verrichtete, so daß man gar nicht mehr hinsehen mußte, um zu wissen, daß er da war, und schon anfing, ihn gar nicht mehr zu beachten. Dann wird es besonders einfach.

Es hatte nicht mit Liebe zu tun, sondern mit Bohnenkaffee und mit diesem wunderbaren Gefühl im Magen, wenn der Teller leer war, den man randvoll hingestellt bekommen hatte, und man die ganze Zeit keinen Knall, kein Zischen und Pfeifen und Aufheulen gehört hatte und einem das erst jetzt auffiel; allenfalls ging es noch um dieses Zucken da unten, das einem für ein paar Augenblicke das Denken wegnahm, und nachher war man entspannt, und das Vergessen ging schneller.

Bärbel vermutet, daß es im Brackweder Freibad geschah. Ihr Vater konnte sich so verräterisch gut an diesen Ort erinnern, und sie hat sich in ihrer ganzen Kindheit und Jugend dort so wohl gefühlt (ihre kleine mystische Verbundenheit): Kiefernwald, Heidesand und Wiese, es roch nach Sonne und den Nadeln von den Bäumen; damals gab es wohl nur ein Becken mit Sandgrund, später, zu Bärbels Zeit, auch ein betoniertes und einen Sprungturm.

Er erzählte ihr, seine Mutter habe in Washington ein Hotel (in Wirklichkeit wars eine Pension für schwarze Wanderarbeiter und andere arme Leute). Sie schenkte ihm ein Foto von sich und schrieb auf die Rückseite: »Think always an Ilse.« Man wird wohl auch von Liebe gesprochen haben, das gehörte sich so, auch wenn es mit Liebe nichts zu tun hatte.

Im Juni wurde die Einheit verlegt, nach Wetter an der Ruhr, wie ihre Mutter meinte, aber ihr Vater wußte den Namen des Ortes nicht mehr.

»Als er weg war, merkte ich, daß ich schwanger war. Da habe ich mich natürlich nicht gefreut, wie du dir sicher vorstellen kannst.«

Die Versuche abzutreiben, scheiterten, da wuchs etwas, das nicht totzukriegen war.

Auch Lieselotte wurde schwanger. Die habe es viel schlimmer getrieben und bis zur Geburt nicht gewußt, ob das Kind nun weiß würde oder schwarz, und das, wo sie doch mit Paul verheiratet war! Aber Lieselotte hatte Glück und Ilse Pech, wie schon oft zuvor.

»... wie du dir sicher vorstellen kannst.«: Leider konnte sich Bärbel alles viel zu gut vorstellen, und was sie sich nicht vorstellen konnte, wurde ihr geschildert, indem man schwieg. Was wollte man auch sagen? Die Idealisten waren umerzogen worden.

»Wie kamen Sie darauf, daß mit Ihnen etwas nicht stimmen könnte?« würde später die Journalistin vom »Neuen Deutschland« fragen. »Weil ich viele Blicke bekam, viele Varianten von Gucken und Schweigen.«[4]

So kam es, daß sie es erst an ihrem achtunddreißigsten Geburtstag wagte, nach ihrem Vater zu fragen, und daß sie vierundvierzig war, als sie zum ersten Mal vor ihm stand: ein kleiner kugelrunder alter Mann mit Menjou-Bärtchen und Baseballkappe, der sie mit einem Blumensträußchen am Flughafen empfing.

»Sehen Sie,« sagte sie der Journalistin, »ich hatte mir immer ein Bild vom großartigsten Vater dieser Welt gemacht, eine Mischung aus Martin Luther King und Bill Cosby, kräftig, groß, ja riesengroß ... Mein Vater ist lieb und nett, aber klein und dick. Er hat sich sehr gefreut, mich zu kriegen, doch er ist ein einsamer alter Mann, der mir nicht mehr geben kann, was ich als Kind vermißte. Eher übernehme ich jetzt seine Rolle. Auf meinem Klavier steht ein Bild von ihm. Meine Freunde sagen, wir sehen uns ähnlich. Der Gesichtsschnitt, die Falten, die Zähne ...«[5]

Sie selbst achtete auch auf jede Ähnlichkeit und war überglücklich, als sie sah: sogar seine Kniee glichen ihren.

(Es gibt auch eine seltsame Ähnlichkeit mit jemandem, mit dem es eigentlich keine Ähnlichkeit geben dürfte.

Was hätte der Idealist gesagt, wenn er gewußt hätte, daß sich seine arische Geliebte ein paar Monate nach seinem Tod mit einem Schwarzen einlassen würde? Der Idealist hatte wegen eines Hornhautgeschwürs ein Auge verloren. Das schwarze Kind seiner Geliebten hatte ein Hornhautgeschwür, nach einer perinatalen Verletzung; das Auge erblindete und mußte entfernt werden, als sie einundzwanzig war.

»Als du das erste Mal deine Augen geöffnet hast,« sagte Bärbels Mutter, »wußte ich, was das war, weil ich das von ihm kannte.«)

5 Die Bundestagsabgeordnete Frau Dr. Rehling sagte 1952: »Eine besondere Gruppe unter den Besatzungskindern bilden die 3093 Negermischlinge, die ein menschliches und rassisches Problem besonderer Art darstellen. ... Die verantwortlichen Stellen der freien und behördlichen Jugendpflege haben sich bereits seit Jahren Gedanken über das Schicksal dieser

Mischlingskinder gemacht, denen schon allein die klimatischen Bedingungen in unserem Lande nicht gemäß sind. Man hat erwogen, ob es nicht besser sei, wenn man sie in das Heimatland ihrer Väter verbrächte.«[6]

Man war zurückhaltender geworden, weil in den vergangenen dreißig Jahren ein paar unschöne Dinge geschehen waren. Aber gemeint war noch immer das, was der Autor eines Artikels für die Ärztliche Rundschau 1920 über die sogenannten »Rheinlandbastarde«, die Kinder deutscher Mütter und schwarzer französischer Besatzungssoldaten, so ausgedrückt hatte: »Die schwarze Schmach: das ist die Mulattisierung und die Syphilitisierung unseres Volkes, der Ruin unserer Volksgesundheit, körperlich und geistig! Sollen wir schweigend dulden, daß künftig an den Ufern des Rheins statt der hellen Lieder weißer, schöngesichtiger, gutgewachsener, geistig hochstehender, regsamer, gesunder Deutscher die krächzenden Laute grauscheckiger, niederstirniger, breitschnäuziger, plumper, halbtierischer, syphilitischer Mulatten ertönen?!«[7]

Als Bärbel klein war, kam manchmal die Fürsorgerin, um nach dem Rechten zu sehen.

»Unter allen Umständen tritt die Amtsvormundschaft mit der Geburt eines unehelichen Kindes ein. Die Standesämter haben die Pflicht, die Geburt eines unehelichen Kindes dem Jugendamt mitzuteilen, das dann die weiteren Schritte unternimmt. Es wird eine Amtsvormundschaft bestellt und eine Fürsorgerin mit der Betreuung des Kindes beauftragt. Das Kind wird grundsätzlich bei der Mutter gelassen, es sei denn, daß das Kind dort gefährdet ist oder die Mutter das Kind sehr stark vernachlässigt, bzw. sonstige Umstände es richtiger erscheinen lassen, das Kind nicht mehr in der Nähe seiner Mutter zu belassen.«[8]

Der Sachbearbeiter in einer hessischen Kleinstadt, der dies sagte, interessierte sich sehr für die Thematik, auch, weil er selbst verheiratet und Vater einer kleinen Tochter war. »Die schlechteste soziale Lage der eigenen Familie ist immer noch besser als ein Heim.«[9]

Im Oktober 1959 legte Theodor Wonja Michael der Akademie für Gemeinwirtschaft Hamburg eine Prüfungsarbeit vor, die den Titel trug: »Die Sozialisierung der illegitimen Kinder von farbigen amerikanischen Soldaten und deutschen Frauen in einer hessischen Kleinstadt«.

Sein Vater stammte aus Kamerun, und er selbst hatte die Nazizeit überlebt. »Knapp zwar,« wie er sagt, »aber immerhin.« Er vermied es, über seine Erlebnisse zu sprechen. Bärbel bekam einmal mit, wie ihn, der mit ihr einer deutschen Delegation angehörte, amerikanische Studenten drängten, er solle doch über diese Zeit erzählen: man wollte das Authentische, »Sie als Überlebender des Holocaust!« Der alte Mann strengte sich an, ein höflicher Gast zu sein und erzählte ein bißchen, später brach er zusammen. »Er war völlig aufgelöst, ich hatte Angst um sein Herz.«

In der Einleitung zu seiner Arbeit schreibt er: »Der Verfasser dieser Arbeit stammt aus einer rassischen Mischehe und kennt viele der Schwierigkeiten und Konflikte dieser Kinder aus eigenem Erleben. Der Verfasser hat sich trotzdem um größte Objektivität bemüht.«[10]

Der Verfasser ... Was das für ihn bedeutet haben mag, dieses Bemühen um Objektivität! Wenn er Sätze schrieb wie diese: »Die Mischlingskinder sind deutsche Staatsangehörige, sind in Deutschland geboren, wachsen im deutschen Kulturkreis auf, ihre Muttersprache ist deutsch. Sie unterscheiden sich von anderen Deutschen nur durch eine dunklere Hautfarbe und einen anderen Typ.«[11]

Die Formulierungen muten beschwörend an, als wolle er im Nachhinein das Unheil bannen: ihm hatte man die deutsche Staatsangehörigkeit entzogen (in seinem Paß stand »staatenlos«, und unter »Besondere Kennzeichen«: »Neger«), er hatte überlebt als Komparse in lustigen Filmen, lustig auf seine Kosten, der Urwaldneger, er hatte gerade noch überlebt im Lager, der Arbeitsneger – im deutschen Kulturkreis. In »Münchhausen« hatte Hans Albers die Titelrolle, und Theodor Wonja Michael war einer der Statisten: »Wir waren die Mohren, die man da brauchte. Für uns war das eine Existenzfrage.«[12]

Später würde er schreiben: »Die Sozialisierung wird nur individuell vor sich gehen können; es kommt da auf den Einzelnen an, wie er sich in die ihn umgebende Gemeinschaft einfügt.«[13] Ob da nicht etwas in ihm schrie, als er vor der Schreibmaschine saß und seine Prüfungsarbeit abtippte, die er freundlichen Männern in Anzug und Krawatte vorlegen würde, die noch vor fünfzehn oder sechzehn Jahren möglicherweise ...?

6 Bärbels Mutter, die mit einem Kind nichts Rechtes anfangen konnte, nahm bald nach der Geburt wieder eine Arbeit an, und die Großmutter, die wußte, worauf es ankommt, versorgte Bärbel.

»Oma«, das wußte man, bevor es Worte gab, das wußte man, bevor man überhaupt etwas wußte. »Oma«, das hieß vertraute Gerüche, Wärme in der kalten Zeit, »Oma« war ein Körper, an den man sich schmiegen konnte, ein Zopf, den man vorm Einschlafen in die kleine Hand nehmen konnte, um sicherzugehen, daß alles gut war.

Die Großmutter nahm Bärbel mit, wenn sie zur Sparkasse ging, um die Rente abzuholen, dreihundertfünfzig Mark im Monat; auf dem Rückweg gabs immer ein Würstchen in einer Würstchenbude.

Einmal stand, als sie von der Sparkasse kamen, auf dem Jahnplatz ein Leierkastenmann, der spielte: »Blaue Nacht, du blaue Nacht im Hafen ...« Bärbel, die das Lied kannte, ließ die Hand ihrer Großmutter los, lief zu dem Mann hinüber, auf dessen Leierkasten ein kleiner Affe saß, stellte sich neben ihn und fing an, mitzusingen: »Blauhaue Nacht ...«

Passanten drehten sich um, manche blieben stehen, lächelten, andere schienen sich zu ärgern, als sie das schwarze Mädchen sahen; der Großmutter wars peinlich, sie versuchte, Bärbel wegzuzerren, aber die ließ sich nicht beeindrucken und sang inbrünstig weiter: »Blauhaue Nacht ...«

(»Damals war ich noch sehr klein. Ich habe die Geschichte so oft erzählt bekommen – denn gute Geschichten wurden bei uns immer wieder zum besten gegeben – und habe sie inzwischen selbst so oft erzählt, daß ich gar nicht weiß, ob sie wirklich so geschehen ist.«)

Im Haushalt lebten die Großmutter, Bärbels Mutter, ihr jüngerer Bruder, Onkel Hugo, und Bärbel; an den Wochenenden kamen auch die anderen, Onkel Paul und Tante Lieselotte und deren Töchter Ille und Uschi. Uschi war so alt wie Bärbel und hätte bis zur Geburt genauso gut schwarz sein können.

Jeden Donnerstag fing die Großmutter an, in den riesigen Kastenformen die Kuchen fürs Wochenende zu backen, Marmorkuchen, Streußelkuchen, auch Obsttorten; das duftete verführerisch, aber frühestens am Samstag gab es ein Stückchen.

Es war so gemütlich, wenn alle beisammen saßen, an den Sonntagen etwa, wenn sie Karten spielten, Siebzehn und Vier, und Bärbel dabei log und betrog und sich wohl vorkam, als beginge sie das perfekte Verbrechen und niemand könnte ihr je auf die Schliche kommen. Den anderen muß es aufgefallen sein, schließlich konnte sie auch beim Schwarzen Peter nie ihre Aufregung verbergen, wenn sie den Peter hatte.

Sie lachten und spielten, sie spielten und lachten und machten das Beste draus.

Auf jeder Beerdigung zog man, kaum daß der Sarg in der Grube war, die Skatkarten hervor, was solls, das Leben muß schließlich weitergehen, und wenn einem etwas zustieß oder man nicht mehr aus noch ein wußte, versuchte man, das Ganze so zu drehen, daß am Ende doch noch eine lustige Geschichte daraus wurde. Und wenn jemand über sein Mißgeschick selbst nicht lachen konnte, na, dann gab es wenigstens für die anderen etwas zu lachen. Wenn er Glück hatte, war beim nächsten Mal eben einer von denen das Opfer.

Sobald man über etwas herzlich lachen konnte, galten sowieso andere Regeln.

»Du ißt deinen Teller leer!«

Bärbel mochte ihre Bratkartoffeln nicht und sie mochte sie nicht. Sie starrte die ekelhaften glasigen Speckstückchen an, die zwischen den Bratkartoffeln lauerten.

»Und du ißt die Bratkartoffeln!«

Und sie mochte sie nicht. Die Speckstückchen starrten hämisch zurück.

»Und du ißt sie wohl!«

Und sie mochte sie einfach nicht.

»Das werden wir schon sehen!«

Werden wir auch! Es war Montag, Waschtag, die Großmutter mußte hinaus in die Waschküche, und Bärbel blieb allein im Zimmer zurück. Sie sah sich um. Auf der Truhe lag Onkel Hugos Lederhose. Bärbel ließ die widerlichen Bratkartoffeln mit den Speckstückchen einfach in der Tasche der Lederhose verschwinden.

Als die Großmutter wiederkam, war also der Teller leergegessen. Die Mienen hellten sich auf, und Bärbel durfte vom Tisch aufstehen. Es gab den versprochenen Brocken Schokolade, abgeschabt von dem Block Cadbury's aus dem Paket, das Onkel Adolf oder Onkel Willi oder Tante Anni aus Amerika geschickt hatte (In diesen kargen Jahren brachte der Bote jeden Monat so ein Paket, und immer lag ein Block Cadbury's dabei).

Natürlich kam heraus, wo die Bratkartoffeln in Wirklichkeit geblieben waren, aber weil die Geschichte gut war, wurde sie nicht bestraft. Hugo schmückte es noch aus: wie er seine schöne Lederhose angezogen hat und mit der neuen Freundin auf die Kirmes gegangen ist, wie er ihr da imponieren wollte und weltmännisch in die Hosentasche griff, um für sie zu bezahlen – und kalte Bratkartoffeln in der Hand hatte! Alles bog sich vor Lachen.

Ein paar Jahre später, Bärbel war inzwischen ungefähr achteinhalb, stellte Hugo eines Sonntags Erika vor, mit der er es ernst meinte. Erika saß da, lächelte artig, parlierte, strengte sich an, einen guten Eindruck zu machen, und auch die Familie gab sich erst mal alle Mühe (keine Witze, keine boshaften Anspielungen).

Bärbel sah sich das seltsame Schauspiel eine halbe Stunde an, um dann einen Stift hervorzukramen und sich mit ihrem Zeichenblock kurz zurückzuziehen. Sie setzte sich hin und schrieb: »Erika ist Hugos Unglück. Wer mit mir dieser Meinung ist, unterschreibe bitte.« Dann kam sie wieder und begann, Unterschriften für ihre Petition zu sammeln.

Bis auf Erika waren alle begeistert von dieser entzückenden Idee. Man lobte ihre sprachliche Gewandtheit.

So wurde Bärbel der Kobold der Familie. Manchmal organisierte sie gemeinsam mit Uschi zum Vergnügen aller kleine dramatische Vorführungen.

Noch heute kann sie mit ihrem Witz und ihrem unwiderstehlichen Lachen jeden begeistern, und noch heute liebt sie es, in eine Rolle zu schlüpfen, um andere zum Lachen zu bringen.

Uschi und Bärbel waren unzertrennlich, Ronnie und Kid, zwei Waisenkinder, die eine Pferdezucht betrieben und immer zusammenhielten, was auch kommen mochte. Uschi, eigentlich das Mädchen Ronnie, verwandelte sich zuweilen in eines der Pferde. Kid pfiff dann und rief: »Wie wärs, sollen wir einen kleinen Ausritt machen?« Und Uschi kam wiehernd und schnaubend angetrabt und rieb ihren Kopf an Bärbels Schulter; dann wurde sie gesattelt und Bärbel stieg auf, und hinaus ging es in die endlose Weite: auf den Balkon.

Hin und wieder durfte Uschis Pudel in Bärbels Bett schlafen, und man konnte kaum unterscheiden, wessen Wuschelkopf unter dem Plumeau hervorlugte, Bärbels oder der des Pudels.

Beim Kirschenklauen war die ungelenke Bärbel mir nichts dir nichts über den Jägerzaun, und Uschi, eigentlich viel sportlicher, blieb hängen und zerriß ihr neues Kleid, das Bärbels Mutter gestrickt hatte.

»So kann ich nie mehr nach Hause. Ich gehe nicht mehr zurück.«

Das sah Bärbel ein. Wenn Uschi mit dem zerrissenen Kleid zurückkäme, würden die Erwachsenen sie totschlagen, mindestens aber umbringen oder ermorden. Sie sollte besser für immer draußen bleiben, und Bärbel würde sie mit Nahrung versorgen.

»Wo hast du denn Uschi gelassen?« fragten die Erwachsenen, als Bärbel allein vor der Tür stand.

»Och, äh, die ... die war auf einmal weg, ja, die war auf einmal nicht mehr da.«

»Nicht mehr da? Wie soll das denn passiert sein?«

Auch diesmal gab es keinen Ärger, denn die Geschichte war gut. Alle lachten, und Bärbels Mutter flickte das Kleid.

Bärbels Mutter schnitt Onkel Hugo, der das selbst nicht konnte, die Fingernägel. Bärbel sah zu und bildete sich eine Meinung über die Lebenstüchtigkeit von Männern.

Bärbel nuckelte am Mittelfinger.

Sie lag im Bett und war gerade dabei, sich in den Schlaf zu nuckeln, da ging die Tür auf, einen Spalt breit nur, und durch den Spalt kam ... ganz langsam ... schnipp! – die Schere aus dem Struwwelpeter! Schnapp!

Bärbel war starr vor Angst. Diese Schere kannte sie, sie wußte Bescheid, sie hatte doch auf den Bildern gesehen, was diese Schere mit dem Daumenlutscher gemacht hatte!

Ganz langsam verschwand die Schere wieder und ließ Bärbel mit der Angst zurück. Endlose Sekunden verstrichen.

Dann öffnete sich die Türe wieder, und im Lichtschein stand Onkel Hugo, lachend, mit Omas Schneiderschere in der Hand ...

Also konnte sie in Zukunft unbesorgt weiter am Finger nukkeln, und irgendwann hatte es sich von selbst erledigt.

Solange man drinnen war, war man sicher. Auch wenn sie manchmal Angst bekam, wußte sie im Grunde, daß alle Scheren Onkel Hugo gehorchten, und der würde ihr nie ein Leid zufügen. Den liebte sie abgöttisch, auch wenn sie mit Mißfallen zur Kenntnis nehmen mußte, daß er sich die Fingernägel nicht selbst schneiden konnte. Und er liebte sie auch.

Drinnen war es anders als draußen.

7

Drinnen, das war allerdings auch noch das Stück der Haller Straße vom Haus der Großmutter bis zum Laden der Milchfrau. Das richtige Draußen begann erst dahinter, hinter der Kurve.

Die Leute in der Straße hatten sich daran gewöhnt: viele Kinder, große Kinder, kleine Kinder, die einen so, die anderen so, ein schwarzes dazwischen, na und, alle hatten ihre Eigenarten, und Bärbel war eben schwarz.

Schräg gegenüber wohnte Tante Paula, die war zwar keine richtige Tante, aber immer, wenn Bärbel vorbeikam, gabs einen Apfel oder eine Birne oder sonstwas Leckeres wie bei einer richtigen Tante.

Herr Puntmann von nebenan war zwar ein Griesgram (und ein unbelehrbarer Nazi, wie Bärbel später begriff), aber ein Haus weiter wohnte die Familie Blase, die waren freundlich, und manchmal gabs bei ihnen Kirschen. Die Eltern Blase waren kleinwüchsig, »Liliputaner«, wie man sagte, aber ihr Sohn Hans-Werner wuchs normal heran. Wenn sein Vater ihn von der Straße nach Hause holte, wurde Hans-Werner puterrot; er schämte sich für seinen Vater, und er schämte sich wohl auch dafür, daß er sich schämte. Hans-Werner würde später das Mädchen heiraten, für das die Kinderbande aus der Haller Straße gegen die andere Bande kämpfte, die von seinem Rivalen um die Gunst dieser Schönen angeführt wurde.

Im nächsten Haus wohnten Oma und Opa Hartwig, die hatten eine Enkelin, Karin. Opa Hartwig brachte Karin und Bärbel morgens mit dem Fahrrad zum Kindergarten, die eine saß auf der Stange, die andere auf dem Gepäckträger.

Im Kindergarten, der auch eine Insel von Drinnen im Draußen war, regierte Schwester Käthe, die gerecht war und wunderbar evangelisch nach Wäschestärke roch. Wenn eines der Kinder Kummer hatte (aber nur dann!), durfte es auf ihrem Schoß sitzen; man konnte die kratzigen Fältchen ihrer Bluse spüren, wenn man sich an ihren Körper schmiegte, und der Kummer verging langsam. Dann mußte man wieder runter vom Schoß. Tante Käthe hatte keine Lieblinge, Kind war Kind.

Nachmittags kehrten Karin und Bärbel allein vom Kindergarten zurück, und jedes Mal, wenn sie auf ihrem Weg am Wäldchen vorbeikamen, mußte Karin mal. Danach wischte sie sich den Po mit Blättern ab. Bärbel war tief beeindruckt: Mit Blättern! Und daß sie jedes Mal, aber auch jedes Mal mußte! Und wie die Häufchen rochen, so ganz anders als Bärbels eigene!

Oma und Opa Hartwig hatten ein wunderschönen großen Garten mit hohen Bäumen und einer Bank im Schatten darunter, mit einer gußeisernen Pumpe und einem Komposthaufen; dort konnte man, wenn man die andere ärgern wollte, Regenwürmer aufsammeln und sie ihr die Schürze stecken.

Wenn Karin und Bärbel hungrig aus dem Freibad kamen, gab es Graubrot mit ganz dünn geschnittenen Tomatenscheiben.

Bei Oma und Opa Hartwig sah Bärbel auch zum ersten Mal, wie ein Kind gestillt wurde. Die Schwiegertochter war mit ihrem Säugling zu Besuch, und Bärbel starrte ehrfürchtig auf die große Brust mit der rosigen Brustwarze, an der das Baby nukkelte. Das mußte etwas unglaublich Schönes sein, so ein Baby zu stillen, das wollte sie auch können, später!

Da, wo die Haller Straße die Kurve machte, war der Laden der Milchfrau, die verkaufte frische Milch und Quark und Käse, und manchmal hatte sie Schokolade für Bärbel, wenn die für ihre Großmutter die Milch holte. Beim Schlachter nebenan gab es das obligatorische Stück Fleischwurst.

Zur Kinderbande stieß Bärbel, als sie ungefähr fünf war. Die Ältesten waren da schon vierzehn oder gar fünfzehn, der Kleinste, Rüdiger, drei oder vier. Jedes Kind aus der Haller Straße gehörte dazu, ganz gleich, ob es schwarz oder weiß war, ob die Eltern von hier waren oder Flüchtlinge, ob der Vater ein Zwerg war oder so wie die anderen Väter. Man klaute Kirschen, kämpfte um Hans-Werner Blases holde Frau und die Ehre der Haller Straße, spielte Schlagball oder Völkerball, und anders als im Schulsport gab es dabei keine Flaschen, jeder war wichtig für die Mannschaft. Dem griesgrämigen Herrn Puntmann brachte man Ständchen: »Punt, Punt, dein Arsch ist rund!« Dem Hauswirt, dem alten Ekel, warf man faule Tomaten an die Fensterläden.

Natürlich erfuhr die Großmutter sofort, wenn wieder etwas vorgefallen war. Dann empfing sie Bärbel abends: »Warst du wieder dabei?«

Auch das Freibad war eine Drinnen-Insel. Im Sommer wohnte Bärbel tagsüber dort; abends kam sie zufrieden, hungrig und nach Chlor riechend zurück in ihr anderes Zuhause, zur Großmutter.

8

Einmal bearbeiteten ihre Mutter und ihre Großmutter ihre Haut mit Drula Bleichwachs und 0,2%gem Wasserstoffsuperoxyd, damit sie heller würde. Das führte nur dazu, daß sich schwere Ekzeme bildeten, rote, nässende, juckende Flächen, Pickel, Pusteln.

Sie waren entsetzt, als sie sahen, was sie angerichtet hatten. Man bereute und ging mit ihr ins Kino, als Wiedergutmachung. Da lief »Wenn der Vater mit dem Sohne« mit Heinz Rühmann, und die Kleine, die keinen Vater hatte, sondern nur eine Haut, weinte so sehr, daß es die anderen Zuschauer störte und man das Kino mitten im Film verlassen mußte.

Wenn schon nicht die Haut, dann vielleicht wenigstens das Auge? Die Familie machte kleine Experimente: Bärbel sollte sich das gesunde Auge zuhalten und sagen, was sie mit dem blinden Auge dann noch sah.

Jemand fuchtelte mit den Fingern vor ihrem Gesicht herum: »Siehst du was? Siehst du was, wenn ich so mache?« Natürlich sah sie nichts, wie denn auch?

Man versuchte es mit einer hellen Lampe. »Siehst du das? Das Licht, Kind, siehst du das Licht?«

Wenn Bärbel das Spiel langweilig wurde oder wenn sie Mitleid hatte, sah sie schließlich etwas, den anderen zuliebe, ein bißchen heller vielleicht, oder irgendwie so einen Schatten, kann sein. Dann war man zufrieden: »Hab ich doch gesagt, ein kleines bißchen kann sie mit dem Auge sehen.« »Wenns auch nicht viel ist, aber vielleicht können die Ärzte später noch was dran machen.«

(Machten sie auch: als sie einundzwanzig war, mußte das blinde Auge herausgenommen werden, weil es inzwischen völlig atrophiert war.)

Weil man über Augen ungezwungener reden konnte als über Haut, gaben ihr die Sorgen der anderen, »paß auf, du hast doch nur ein Auge«, ein paar Möglichkeiten an die Hand: wollte sie Uschi eins auswischen, heulte sie und hatte doch nur ein Auge, wollte sie die Großmutter herumkriegen, hatte sie doch nur ein Auge.

Wenn sie zu faul war, selbst in einem spannenden Buch weiterzulesen, aber darauf brannte, zu wissen, wie es weiterging, mußte sie sich nur den Kopf halten und das Gesicht ein bißchen verzerren. Dann wurde sie mit Sicherheit gefragt, ob sie Kopfschmerzen habe (sie hatte doch nur ein Auge ...). Daraufhin seufzte sie mit schwacher Stimme: »Ja ...«

»Möchtest du dich hinlegen?«

»Ja ...« stöhnte sie.

»Möchtest du einen kalten Waschlappen auf die Stirn?«

Ihre Stimme erstarb fast: »Ja ...«

Und jetzt kam die Frage, auf die sie schon die ganze Zeit wartete: »Soll ich dir denn etwas vorlesen?«

Mit der letzten Kraft, die sie noch hatte, hauchte sie: »Ja …« Na endlich!

(Ungefähr vierzig Jahre später würde Bärbel zu einer verlogenen, aber auch abergläubischen Schülerin sagen: »Ich habe nur ein Auge, das andere ist aus Glas, aber mit dem Glasauge kann ich alle deine Gedanken lesen.« Schon gut, schon gut, die Schülerin gab auf, was wollte man gegen magische Fähigkeiten ausrichten? Da konnte sie gleich die Wahrheit sagen.)

9

»Die Generation, die die NS-Zeit mitgetragen und mit zu verantworten hat, vermittelt ihren Kindern meist durch nonverbale Botschaften, daß sie in der Gegenwart nur leben können, wenn sie ihre Erinnerungen auf ein erträgliches Mindestmaß reduzieren. Unbewußt setzen sie ihre einzige Hoffnung in ihre Kinder. Aber gesprochen wird darüber nicht. Für aufmerksame, loyale Kinder heißt das, die Eltern nicht mit Fragen zu belasten und selbst mit dem Schleier des Vergessens zu leben, auch auf die Gefahr hin, nicht wirklich zu wissen, wer man ist, woher man kommt und wem man vertrauen kann.«[14]

»Hat sie auch nie über Ihren Vater gesprochen?« fragte die Journalistin Bärbel.

»Nein.«

»Haben Sie gefragt?«

»Nie. Das war ein absolutes Tabu-Thema. Bis ich 38 wurde.«[15]

Nicht nur über das Geheimnis wird nicht gesprochen, sondern auch über das Nicht-sprechen kann nicht gesprochen werden. Die Scham, die Verleugnung und die unansprechbare Unansprechbarkeit verstärken einander und verstärken sich selbst. Man schämt sich für etwas und schämt sich dafür, daß man sich schämt; man verleugnet, daß man sich schämt und wofür man sich schämt; man verleugnet, daß man etwas verleugnet; Scham und Verleugnung dürfen nicht angesprochen werden, und das unausgesprochene Verbot wird verleugnet – und so weiter.

Die Zonen der Sprachlosigkeit weiten sich aus. Ein Kind in einer solchen Familie lernt die Regeln: es schämt sich (es schämt sich seiner selbst, da es dem Gefühl einen Ort geben muß), es verleugnet, und es hört auf, Fragen zu stellen.

»Wie kannst du eigentlich deine Nazi-Überzeugungen damit vereinbaren, daß du mit einem Schwarzen geschlafen hast? Und wie kommst du da mit mir zurecht, der Konsequenz?« Selbstverständlich hat Bärbel ihrer Mutter diese Fragen nicht gestellt und wird sie nicht mehr stellen. Früher hätte ihre Mutter diese Fragen nicht verstehen wollen, und heute könnte sie nicht mehr verstehen. Allenfalls würde sie beim Gedanken an den sexuellen Aspekt leise kichern. Aber manche Überzeugungen sind robuster als der Verstand, der sie früher zu begründen vermochte, und erhalten sich bis weit in die Demenz hinein. Noch heute kann Bärbels Mutter die Verse von dem jungen Helden aufsagen, der für das deutsche Vaterland stirbt, »in der Hand die Fahne schwarz-weiß-rot.«

»Weißt du, Bärbelchen, ich liebe eben diese patriotischen Lieder,« sagt sie und weint vor Rührung.

»Ich überhaupt nicht!« »Doch, ich wohl!« »Ich nicht!« »Aber ich!«

Die Rührung will das letzte Wort haben, sie behauptet sich bockig.

10 Bärbels Vater hatte ein paar Trophäen aus Deutschland mitgebracht, unter anderem ein Album, herausgegeben vom Cigaretten-Bilderdienst Hamburg-Bahrenfeld: »Adolf Hitler – Bilder aus dem Leben des Führers«. Da heißt es, neben einem Schnappschuß von einem kleinen Mädchen, das lachend und mit ausgebreiteten Armen Hitler entgegenläuft: »Es gab Kaiser und Könige, Herrscher und Volkshelden, Usurpatoren und Schreckensmänner, kluge und große Regierende an der Spitze von Völkern, aber es gab noch niemals ganz einfach: den Führer. Dies ist einmalig auf der Welt und das Glück, das dem deutschen Volke widerfahren ist. Solange man dies nicht begreift, begreift man nichts vom deutschen Volke, versteht man nicht, weshalb die Augen leuchten, die Stimmen jubeln, die Arme emporfliegen, die Herzen rascher schlagen, wenn Adolf Hitler vor das deutsche Volk tritt.«[16]

Auch ihrem Vater hat sie manche Frage nicht gestellt. »Was hat es auf sich mit deiner Vorliebe für weiße Frauen?« – als er die Fotos von seiner Freundin in Montreal zeigte. Weiße Frauen wegen des Triumphes? Weiße Frauen, um die eigene Haut heller zu machen?

»Was wäre dein größter Wunsch für mich?« – eine ganz andere Frage an ihn.

In seinen letzten Jahren hat ihn der Kampf um die amerikanische Staatsbürgerschaft für seine Tochter am Leben gehalten, die Gänge auf Ämter und die Verhandlungen mit Männern, die hinter Schreibtischen saßen, Dokumente, die beschafft werden mußten, eidesstattliche Versicherungen, der Schriftverkehr, der sich auf seine Geburtsdaten bezog (er war ja zweimal geboren: einmal für seine Mutter und einmal für die Army).

Nachts, wenn er nicht schlafen konnte, verfolgte er die Nachrichten im Fernsehen, sah Bilder aus Deutschland: brennende Häuser, verkohlte Puppen, Kindersärge, und wieder junge Männer, die ihre Arme hochrissen und »Sieg Heil!« brüllten und in Kolonnen marschierten und Lieder gröhlten. Er hatte Angst um seine Tochter: »Du mußt aufpassen, daß du nicht zu afrikanisch aussiehst mit deiner Kleidung und deinem Schmuck. Man darf sie nicht provozieren, man darf ihnen keinen Anlaß geben.« Wenn sie die amerikanische Staatsbürgerschaft hätte, könnte sie fliehen, säße nicht in der Falle wie damals die Juden, die nicht wußten wohin.

Als sie dann endlich den Paß erhielt, konnte er in Ruhe sterben, nicht in einem Heim (davor hatte er Angst), sondern in seinem Haus, und zwar einsam, wie es angemessen ist für einen alten Soldaten, in einer dieser schlaflosen Nächte in seinem stikkigen Wohnzimmer. Als Veteran wurde er mit militärischem Zeremoniell beerdigt, und ein weißer GI mit kurzgeschorenem Haar überreichte seiner Tochter das zusammengefaltete Sternenbanner. »Was wäre dein größter Wunsch für mich?« Die Antwort liegt wohl zusammengefaltet in ihrem Schrank.

Die Kriege waren Gelegenheiten für Schwarze. Das Vaterland würde für seine Helden sorgen. John T. Ballinger, Sohn des Eisenbahnarbeiters Ed Ballenger und seiner Frau Callie, geboren in Greer, South Carolina, gestorben in Washington D. C.: noch auf seinem Totenschein stand unter der Rubrik 15, in der nach der Rasse gefragt wurde, »BLACK« (in Großbuchstaben).

Wir sind mit ihm ins Veterans Administration Hospital gegangen wegen seines hohen Blutdrucks und wegen des Zuckers. In der Halle saßen sie, die Helden, für die das Vaterland jetzt sorgte. Ein paar Alte wie er, man kannte einander seit langem, er wurde begrüßt, man hielt ein Schwätzchen: der Zweite Weltkrieg. Einige, die etwas jünger waren: Korea. Und dann all die anderen, um die Vierzig, schäbig gekleidet, sie redeten nicht miteinander, starrten auf die kleinen Fernseher, die dort angebracht waren, bekamen aber nichts vom Programm mit, das sie im übrigen auch gar nicht interessierte, Zeichentrickfilme, in denen irgendwelche Mäuse irgendwelche Katzen mit Dynamitstäben sprengten, Quizsendungen mit hysterisch kreischendem Publikum. Man hatte schon genug gesehen. Manche von ihnen brabbelten vor sich hin, von den anderen unbeachtet, oder suchten mit unruhigem Blick die Wände ab, die Decken, die Gesichter. Manche stanken nach Urin. Das waren die Helden von Vietnam, Schwarze und Hispanics, keine Weißen. Das Vaterland würde für seine Helden schon sorgen, das waren die Arbeitslosen, Verrückten, Trinker, Drogensüchtigen, die, die als Elend oder Ärgernis öffentlich wurden, kleine Geschäfte machten, die Probleme hatten mit ihren Waffen. Das Vaterland schämte sich für diesen Krieg und diese Helden.

Bärbels Vater hat Edward und Allan, seine Neffen, wie Söhne großgezogen, und weil ein Krieg eine Gelegenheit für Schwarze war, hat er sie in die Armee gesteckt. Sie wollten nicht, und am Morgen, als es losgehen sollte, hat er sie fast hinprügeln müssen. Edward hat es geschafft, rasch und scheinbar unversehrt aus Vietnam zurückzukommen, man sagt, weil er schnell einer Frau ein Kind gemacht hat. Allan blieb länger und mischte nachher sein Bier mit Kodeinsaft. Allan ist deswegen früh gestorben; Bärbels Vater mochte ihn lieber als Edward.

Als wir mit ihm am Vietnam Memorial waren, hat er, der es gewohnt war, die Dinge mit sich selbst abzumachen, leise geweint.

»Das Problem war,« sagte er später einmal, »daß sie aus Vietnam nicht als Sieger zurückkamen.«

Für Bärbels Vater hatte das Vaterland noch gesorgt. Nach der ehrenhaften Entlassung aus der Armee kam er im Staatsdienst unter. Wenn es auch nicht für den Lebensstandard reichte, für große Autos, maßgeschneiderte Sakkos, Reisen in die Karibik, und erst recht nicht für die ungezählten Verwandten, die er im Laufe der Jahre bei sich aufnahm, war es doch eine Sicherheit. Für das, was darüber hinausging, mußte man sich eben nochmal krummlegen.

»Man hat die Freiheit: wer etwas erreichen will, der kann es auch erreichen, man muß sich nur anstrengen, das ist eben die Demokratie.« Er glaubte an das, was er sagte, auch wenn er andererseits genau wußte, daß die Schwarzen immer schwarz bleiben würden, und wenn sie sich noch so sehr anstrengten, so weit ging die Demokratie nämlich nicht.

Auf den Fotos aus den fünfziger Jahren ist er immer noch der Draufgänger, auf den Fotos aus den Sechzigern der gereifte

Draufgänger, später dann der, der es zu etwas gebracht hat im Leben. »Eigentum,« sagte er, »das ist Freiheit.« Und in gewisser Weise hatte er sogar recht. Aber seine Freiheit blieb bis zum Schluß eher bescheiden.

Neben dem Job bei der Regierung baute er ein kleines Busunternehmen auf: Ballinger's Bus Service.

Unter diesem Eintrag fand Bärbel, als sie anfing, nach ihrem Vater zu forschen, ihn später noch im Telefonbuch, wenn er auch zu dieser Zeit schon aus dem Busgeschäft ausgestiegen war und die Busse mit Verlust an einen verkauft hatte, der ihn übers Ohr gehauen hatte.

»In Washington D. C. konnte man das machen mit dem Busunternehmen, da war man sein eigener Herr und mußte sich keine Sorgen machen. In New York wärs nicht so gut gegangen, da wurde das ganze Bus- und Reisegeschäft von der Mafia kontrolliert«, erzählte er.

Bärbels Vater sah aus dem Küchenfenster hinüber zum Nachbargrundstück. Dort war vom schmalen ungepflegten Garten ein viel zu kleines Eckchen als Hundezwinger abgeteilt worden, darin rannte ein abgemagerter, struppiger Schäferhund an einer Kette im Schlamm hin und her, jaulte, winselte, bellte den ganzen Tag, sprang am Maschendraht hoch, der Schlamm spritzte herum.

»Seht ihr das?« wandte sich Bärbels Vater an uns. »Seht ihr diese Schweinerei? Der Hund ist bestimmt nicht daran schuld! Das ist doch eine Schande, ein Tier so zu halten, ein Hund braucht Futter, er braucht Auslauf, man muß sich um ihn kümmern, muß sich mit ihm beschäftigen, muß ihn pflegen, er braucht Zuwendung. Ich weiß das, ich hatte als Kind doch selbst einen Schäferhund.«

Dann ging er weg vom Fenster, um einen Augenblick später wieder zurückzukommen, und, weil er es einfach nicht fassen konnte, wieder von vorn anzufangen: »Seht ihr das? Seht ihr den Hund? Hört ihr, wie er die ganze Zeit jault? Was für eine

Schande, ein Tier so zu behandeln! Der Hund ist nicht daran schuld! Der Zwinger ist viel zu klein, der Boden ist völlig aufgeweicht, sie geben dem Tier nicht genug Futter, kümmern sich nicht darum, seht mal, wie verdreckt das Fell ist. Der Hund muß sich ja so verhalten, sie lassen ihn ja völlig verkommen. Der Hund ist bestimmt nicht daran schuld! Ein Hund muß gepflegt und erzogen werden, man muß sich richtig darum kümmern, er braucht Futter, er braucht Auslauf.«

Und wieder ging er weg, kramte irgendetwas im Wohnzimmer und kam wenig später wieder ans Fenster: »Seht ihr? Seht ihr den Hund?«

Als er sich in diesem Viertel niederließ, als junger Mann, lebten in der Nachbarschaft fast nur Weiße, eine gute Wohngegend in der Nähe der katholischen Universität, und man machte ihm Schwierigkeiten wegen seiner Hautfarbe. Nach und nach zogen die wohlanständigen Weißen aus, und wohlanständige Schwarze zogen ein. Manche von ihnen wohnten jetzt noch hier, aber sie hatten auch Kinder und Enkel, von denen nicht alle immer wohlanständig waren. Dann zogen wieder Leute aus, und andere zogen ein, manche von ihnen gar nicht anständig …

Und Weiße wären sowieso nicht mehr auf die Idee gekommen, in ein Viertel zu ziehen, aus dem alle Weißen weggezogen waren.

Auf dem Fahrweg hinter den Häusern und unten an der Ecke lungerten die Jugendlichen und die jungen Männer herum, kleine Gangster, die davon träumten, einmal große Gangster zu sein, um dann Rap-Stars zu werden, die vorher große Gangster waren, mit Sonnenbrille und Gold und Sportwagen und allem. Sie handelten ein bißchen mit Drogen, und wenn Bärbels Vater an der Garage aus dem Auto stieg, um das Tor zu öffnen, grüßten sie freundlich:

»Guten Morgen, Mr. Ballinger!«

»Hallo Jungs, wie gehts?«

»Och danke, ganz gut, Mr. Ballinger.«

Er erklärte uns: »Respekt, das ist es, um was es geht. Zeig ihnen Respekt, und sie werden dich respektieren.«

Manchmal hielt eine teure Limousine, und ein Weißer mit Aktenkoffer stieg aus, dann gingen die Jungen mit dem Weißen und seinem Aktenkoffer beiseite, und man verhandelte.

An der Kreuzung war ein kleiner Laden, von Koreanern geführt. Als einmal ein Überfall mißlang, kamen Polizeiwagen, die blockierten die Kreuzung, und junge Männer standen da, die Beine gespreizt, die Hände auf dem Autodach, und die Polizisten tasteten sie ab wie im Fernsehfilm.

Ein anderes Mal rief uns Bärbels Vater nach draußen, weil am Nachbarhaus ein Opossum unter den Holzvorbau geschlüpft war, aber wir bekamen es nicht mehr zu Gesicht.

Vorn, auf der Veranda zur Franklin Street, hatte sein Bruder Fred die Tage verbracht, als er schon blind war vom Trinken, hatte nach dem Wodkaglas getastet, das Bärbels Vater ihm bereitgestellt hatte, und versucht, die Zigaretten im Aschenbecher auszudrücken. Das war ihm nicht immer gelungen, die grüne Plastikmatte hatte Brandflecken.

Als wir, nachdem Bärbels Vater gestorben war (Fred lebte schon lange nicht mehr), den Haushalt auflösten, nahmen wir Freds Aschenbecher mit nach Deutschland.

Die Verwandten aus South Carolina, all die Nichten und Neffen und Großnichten und Großneffen, vor denen Bärbels Vater zu Lebzeiten immer auf der Hut gewesen war, waren sofort nach seinem Tod eingefallen und hatten begonnen, das Haus zu plündern. Bis wir kamen und Bärbel ihnen Einhalt gebieten konnte, war schon einiges verschwunden, aber für Freds Aschenbecher aus Blech mit der Reklameaufschrift von Hague´s Pretzels interessierte sich keiner.

Die Kommodenschublade allerdings, in der er seine Revolver und das Gewehr aufbewahrt hatte, war jetzt leer, und nein, Waffen? Waffen hatte keiner gesehen.

»Seht ihr,« hatte er sie uns stolz vorgeführt, »man muß sein Eigentum schützen können. Eigentum, das ist Freiheit, und darum geht es doch in einer Demokratie, und wenn einer unberechtigt mein Grundstück betritt, habe ich das Recht, mein Eigentum zu verteidigen.«

Besser nicht darüber nachdenken, wer sich jetzt die Freiheit nehmen würde, die Revolver auf wen zu richten, nachdem sie nicht mehr in der Schublade lagen, und was das mit Eigentum und Demokratie zu tun hätte!

Aber beim Trauergottesdienst sehen sie alles ein und wir auch.

»Jesus Christus ist für die Sünder gestorben«, rief der Prediger der Trauergemeinde zu.

»Hm, das stimmt.« »Ja, richtig.« »Das ist wahr«, antwortete die Versammlung.

»Na und, seid ihr etwa keine Sünder?« rief der Prediger.

»Ja, doch, stimmt schon.«

»Ich sage euch, ihr seid Sünder, große Sünder, und ihr wärt verdammt –«

»Ja, Mann, das stimmt –«

»– ihr wärt auf ewig verdammt, wenn Er nicht für euch gestorben wäre, wenn Er sein heiliges Blut nicht für euch Sünder vergossen hätte.«

»Amen.« »Amen.« »Gelobt sei der Herr!«

11 Vielleicht, sagt Bärbel, habe sie von der Großmutter die Liebe zum Meer mitbekommen.

Sie beschrieb der Journalistin ihre Großmutter: »Knubbelig, ein bißchen rund, graue Haare, Knoten, nett riechend, nach Großmutter eben. Sie kam von der Nordseeküste, hatte 15 Geschwister, an den Winterabenden saß ich an sie geschmiegt, und sie erzählte von früher. Oder von meinem Großvater, der 1933 an Malaria gestorben war. Interessanterweise ist der Kolonisator gewesen.«[17]

Sie erzählte über ihren Großvater hier das, was man ihr erzählt hatte, die in der Familie offizielle Version. »Gottseidank hat er die Nazis nicht mehr miterleben müssen,« hieß es, »er wäre daran zugrunde gegangen.« Weil er kaisertreu war, hatte sich Bärbel zusammengereimt, und niemals seine Prinzipien verraten hätte. So schön, wenn er dagegen gewesen wäre, richtig dagegen, weil die Großmutter eine gute Frau war, und auch, weil ein Großvater besser wäre, der richtig dagegen war, ein Held vielleicht wie die im Widerstand! Aber wenn nicht das, dann wenigstens kaisertreu, dachte sie nüchterner.

Aber seine Todesanzeige, in den Westfälischen Neuesten Nachrichten, vereinigt mit NS.Volksblatt/Bielefelder Stadtanzeiger, an seinem Todestag erschienen, ist nicht von 1933, sondern vom 21. April 1936 datiert. Seit dem 1. April war er im vorzeitigen Ruhestand; man hatte ihm nahegelegt, das Gesuch einzureichen, weil »Sie den Anstrengungen des Dienstes nicht mehr gewachsen sind«. Im Dezember des Jahres zuvor hatte der Oberbürgermeister ihm geschrieben: »Ihrer langen in Ehren zurückgelegten dienstlichen Laufbahn zu gedenken, ist mir ein Bedürfnis. Über 18 Jahre haben Sie sich als tüchtiger Soldat bewährt und in der Heimat wie auf kolonialem Boden in Afrika und China als auch im Weltkriege Ihr Bestes hergegeben. In schon vorgerücktem Alter kamen Sie 1920 zur Stadtverwaltung Bielefeld. Auch hier haben Sie Ihren Dienst stets in treuer Pflichterfüllung gewissenhaft versehen und Ihren Mann gestanden, bis die schwere Erkrankung über Sie kam. Mit Hochachtung habe ich es beobachtet, wie Sie noch bis zuletzt gegen diese Krankheit ankämpften, um Ihren Dienst weiter tun zu können.«

Fotos von ihm zeigen einen bulligen Mann mit diesem Blick, den man so oft auf Fotos deutscher Soldaten oder deutscher Beamter sieht. Kaisertreu, dachte Bärbel. Stets treu, sagte der Bielefelder Oberbürgermeister.

Ribbentrop, Hitlers Außenminister, erklärte im Nürnberger Prozeß dem Gerichtspsychologen: »Nein, Amerikaner scheinen das nicht verstehen zu können. Wir Deutsche sind ein besonderes Volk; wir sind so treu.«[18]

Zu den Schätzen, die an den Großvater erinnerten, gehörte die Feldflasche mit dem Band, das einmal schwarzweißrot gewesen war. Ihren Verschluß ziert ein Adler aus Zinn. »Zum Andenk. a. m. Dienstz. b. d. 1.Comp. 2. Matr. Art. Abth. Wilhelmshaven 1900/1903«: »Drum Brüder stoßt die Gläser an es lebe der Reservemann.« Auf dem Bild unter dem Spruch sieht man vier junge schnauzbärtige Matrosen, die einander mit ihren Bierkrügen zuprosten, und eine Frau mit rotem Kleid und weißer Schürze dabei, die ihnen nachschenkt; natürlich ist die Frau kleiner dargestellt. Das Bild auf der anderen Seite der Feldflasche zeigt ein Kriegsschiff, darüber steht »Parole Heimath« und der Name, Georg Hilbert.

In der Vitrine lag das Straußenei, das er aus Afrika mitgebracht hat: sehr groß und mit einem kleinen Loch, eine harte, porige, cremefarbene Schale ohne Inhalt, die Figuren, die jemand darauf gemalt hat, mit den Jahren verblaßt, aber der Hut, den die Schutztruppen trugen, noch gut zu erkennen. Auch die Rebellen trugen diesen Hut, den sie von den Deutschen erbeuteten; man sieht ihn auf den Fotos von Maharero und Marengo.

Im anderen Schrank standen die vier Bände von Brehms Leben der Tiere. »Steppen und Wüsten Afrikas und Westasiens beherbergen den Strauß. In früheren Zeiten ist er unzweifelhaft viel häufiger gewesen als gegenwärtig, hat auch Örtlichkeiten, Gegenden und Länder bevölkert, in denen er jetzt ausgerottet ist: ein Wüstenvogel war er aber von jeher. ... Das Vordringen des Europäers hat ihn aus vielen Gegenden Afrikas, in denen er früher häufig war, zurückgedrängt ... Der Strauß erträgt, falls er genügenden Raum zu freier Bewegung hat, die Gefangenschaft ohne Kummer ...«[19]

12 Theodor Leutwein, von 1894 bis 1904 Gouverneur von »Deutsch-Südwestafrika«, nannte das Ziel, das die Deutschen dort verfolgten: »Das Endziel jeder Kolonisation ist, von allem idealen und humanen Beiwerk entkleidet, schließlich doch nur ein Geschäft. Die kolonisierende Rasse will der Urbevölkerung des zu kolonisierenden Landes nicht das von dieser vielleicht erwartete Glück bringen, sie sucht vielmehr in erster Linie ihren eigenen Vorteil. ... In bezug auf die Art der Kolonisation gibt es infolgedessen im Grunde nur eine einzige Richtschnur, nämlich diejenige, die am sichersten zu dem erstrebten guten Geschäft führt.«[20]

Also schloß Paul Rohrbach, Ansiedlungskommissar für »Deutsch-Südwestafrika« von Oktober 1903 bis Dezember 1906, auch den Völkermord als Mittel nicht grundsätzlich aus: »Was den Gesichtspunkt der Humanität betraf ..., so muß an sich zugegeben werden, daß unter Umständen, um die friedliche Siedlung der Weißen vor einem schlechthin kulturunfähigen, räuberischen Eingeborenenstamm zu sichern, dessen tatsächliche Vernichtung erforderlich werden kann.« Aufgrund ökonomischer Erwägungen kritisierte er allerdings die Ermordung der Herero als unzweckmäßig: »In einer Kolonie von den wirtschaftlichen Verhältnissen Südwestafrikas durften wir uns den Luxus nicht leisten, erst so und soviel tausend Eingeborene im Sandfeld zur Strafe verdursten zu lassen, denn das Wirtschaftsleben des Landes brauchte sie ... als Arbeiter.«[21]

Wir leisteten uns diesen Luxus dennoch unter General von Trotha, dem »Schlächter«, wie er genannt wurde. Von Trotha war überzeugt, »daß sich der Neger keinem Vertrag, sondern nur der rohen Gewalt beugt.«[22] Und diese Gewalt wollte er »mit krassem Terrorismus und Grausamkeit ausüben.«[23]

Ihm unterstanden während des Hereroaufstandes zwei Feldregimenter zu je zehn Kompanien berittener Infanterie, zwei Feldartillerieabteilungen zu je vier Batterien, zwei Maschinengewehrabteilungen, eine Heliographenabteilung, eine Feldtelegrafenabteilung, eine Funkerabteilung, ein Bataillon Marineinfanterie mit Maschinengewehrsektion, Nachschub-, Sanitäts- und Etappendienste. Im August 1905, als sich auch im Süden die Nama, jenes Volk, das die Deutschen »Hottentotten« nannten, gegen die Besatzer erhoben hatten, erreichte die deutsche Militärpräsenz ihren höchsten Stand: 1020 Offiziere und Sanitätsoffiziere, 286 Militärbeamte, rund 19 600 Unteroffiziere und Mannschaften.[24] Dazu gehörte auch Georg Hilbert; im Unterschied zu von Trotha wird er jedoch in den militärgeschichtlichen Nachschlagewerken nicht namentlich erwähnt.

In den achtziger Jahren des vorigen Jahrhunderts begannen die Landkäufe der Deutschen in Südwestafrika. Bismarck wollte die afrikanischen Kolonien zunächst gar nicht dem Deutschen Reich eingliedern. Staatliche Aktivitäten sollten sich dort darauf beschränken, privaten Unternehmungen wie etwa der Deutschen Kolonialgesellschaft für Südwestafrika die Möglichkeit zu sichern, sich das Land anzueignen, es zu erschließen, zu verwalten und wirtschaftlichen Nutzen daraus zu ziehen.

Es wurden Schutzverträge abgeschlossen, die Schürfrechte, Landkaufrechte usw. schützen sollten. Die Verträge mit den Herero wurden schriftlich auf deutsch abgefaßt, im Stil deutscher Juristen (»... Minenkonzession und andere Gerechtsame ...«[25]); ins Herero übertrug man sie nur mündlich, und für Ausdrücke aus dem deutschen Vertragsrecht gab es gar keine angemessene Übersetzung. Nichtsdestoweniger verschafften die Deutschen den Verträgen Geltung.

Für ein Hirtenvolk wie die Herero war Land, auf dem das Vieh frei weiden konnte, die Lebensgrundlage – und nun sollten Weideflächen und Wasserstellen, an die schon die Vorväter ihr Vieh getrieben hatten, nicht mehr zugänglich sein?

Die Frau eines deutschen Siedlers beschreibt die Jahreswende 1903/04: »Dem friedlichen Weihnachtsfeste folgte ein stilles Neujahr. Heiß und schwül waren die Tage, dumpf und unerquicklich die Nächte. Über dem Okombeheberg, der dem Platz den Namen gegeben hat, ballten sich schwarze Gewitterwolken zusammen. Finster und drohend schienen sie schwer auf den öden Koloß herabzuhängen, jeden Augenblick bereit, ein böses Wetter zu senden. Gelbe Blitze schossen raketengleich am Horizont. Es war schier unerträglich. Die Schwüle der Natur schien sich den Gemütern mitzuteilen. Man hatte ein unbehagliches Gefühl. Etwas war anders, aber was es war, das konnte man nicht ergründen.«[26]

Am 11. Januar begann der Aufstand.

Am Ende unterlagen die aufständischen Herero den deutschen Truppen. Sie wurden in die wasserlose Halbwüste Omaheke getrieben und die Deutschen konnten abwarten, bis sie verhungert und verdurstet waren.

Der Generalstabsbericht beschrieb es so: »Diese kühne Unternehmung zeigte die rücksichtslose Energie der deutschen Führung bei der Verfolgung des geschlagenen Feindes in glänzendem Lichte. Keine Mühen, keine Entbehrungen wurden gescheut, um dem Feinde den letzten Rest seiner Widerstandskraft zu rauben; wie ein halb zu Tode gehetztes Wild war er von Wasserstelle zu Wasserstelle gescheucht, bis er schließlich willenlos ein Opfer der Natur seines eigenen Landes wurde. Die wasserlose Omaheke sollte vollenden, was die deutschen Waffen begonnen hatten: die Vernichtung des Hererovolkes ... Das Drama spielte sich auf der dunklen Bühne des Sandfeldes ab. Aber als die Regenzeit kam, als sich die Bühne allmählich erhellte und unsere Patrouillen bis zur Grenze des Betschuanalandes vorstießen, da enthüllte sich ihrem Auge das grauenhafte Bild verdursteter Heereszüge. Das Röcheln der Sterbenden und das Wutgeschrei des Wahnsinns ... sie verhallten in der erhabenen Stille der Unendlichkeit!«[27]

Der Widerstandskampf der Herero hatte im Januar 1904 begonnen; 1906 lebten von den vormals 60 000 bis 80 000 Herero noch etwa 16 000, die von Trotha in Konzentrationslager bringen ließ[28]. Aus dieser Zeit stammen auch die ersten Fotos von deutschen Männern in Uniform, die Eisenbahnwaggons bewachen, in denen ihre Opfer dichtgedrängt auf den Transport in ein Lager warten.

Von den Nama (ebenfalls etwa 60 000–80 000 Menschen, als sie sich im Oktober 1904 gegen die Deutschen erhoben) lebten im Jahre 1910 noch 13 858.[29]

»Unter allen erregte ein junges, bis zum Skelett abgemagertes Weib das Mitleid aller Kameraden. Mit kindlicher Liebe führte sie ihre alte, erblindete Mutter an einem Ochsenriemen nach ...«[30]

Wie sind die Dinge wirklich geschehen? Da waren die Täter, die sich an eine gerechte Strafe für aufsässige Eingeborene erinnerten. Anders die Täter, die zweifelten oder Mitleid hatten. Und wieder anders die überlebenden Opfer: Hungerödeme, fieberglänzende Kinderaugen, eiternde Wunden von den Halseisen ... Einer, der gar nichts erlebt hat, stellt Zahlen in Tabellen zusammen: 60 000 bis 80 000.

In diesen Jahren war »Das Wesen des Christentums« des Theologen Adolf von Harnack ein in Deutschland viel gelesenes und diskutiertes Buch. Von Harnack sagte, das Christentum verkündige den »unendlichen Wert der Menschenseele«. »Aber erst durch Jesus Christus ist der Wert jeder einzelnen Menschenseele in die Erscheinung getreten, und das kann Niemand mehr ungeschehen machen.«[31]

Zu Kriegsbeginn 1914 entwarf derselbe Adolf von Harnack für Wilhelm II. dessen Aufruf an das deutsche Volk und unterschrieb zusammen mit zweiundneunzig weiteren Künstlern und Gelehrten das »Manifest der Intellektuellen«, in dem sie ihre Unterstützung der Weltkriegspolitik des Kaisers ausdrückten.

»Wenn es einen gerechten Gott gibt, wie kann er zulassen, daß ...« würde sich Bärbel später im Konfirmationsunterricht fragen.

13 Zu Beginn des Ersten Weltkriegs war gängige Redensart: »Jeder Schuß ein Ruß, jeder Stoß ein Franzos!« Danach war Deutschland zwar geschlagen, aber unbesiegt.

Georg Hilbert schlenderte über die Feldwege und durch die Straßen des Ortes. Vor einer Auslage blieb er stehen: ein Kunstmaler bot seine Werke an. Eines der Bilder zeigte eine schöne junge Frau mit klugen Augen.

»Wer ist diese Frau?«

»Die Henriette Voigt aus Otterndorf.«

Otterndorf liegt im Alten Land, fruchtbare Böden, viel Obst wächst da, überall Apfelbäume, Kirschbäume.

»Ist sie verlobt? Verheiratet?«

»Nein, warum?«

»Na,weil ... weil ... die solls nämlich sein.«

Noch war der Krieg nicht zu Ende. Nicht genug Schuhe für alle Kinder, geschweige denn Wintermäntel, sie wurden quer ins Bett gelegt, damit mehr hineinpaßten. Zehn Geschwister lebten noch, Henriette half aus beim Fleischer. Georg Hilbert ging hin und hielt um ihre Hand an.

Der Schneid konnte ihr wohl imponieren, und eine Sorge wäre es weniger. So wurde 1919 geheiratet.

Viel später hörte Bärbel sie oft sagen, wenn sie schlafen ging: »Ach Mutter, Mutter, ist das schön, ein eigenes Bett zu haben!« Und sie trug nie einen BH, der ihren großen Busen hätte zur Raison rufen können, nie so etwas Überflüssiges wie eine Unterhose oder Strümpfe, auch im bitteren Winter nicht. »Wenn wir Kinder gefroren haben,« erzählt Bärbel, »hat sie uns gesagt: Geh einfach barfuß durch den Schnee, davon werden deine Füße schon warm.«

Drei von den Geschwistern sind nach Amerika ausgewandert, es hieß, dort ließe sich leben. Der Vater ging fremd, die Mutter hat sich deswegen aufgehängt.

Zur Verlobung schenkte sie ihm ein Buch, »Herrn Georg Hilbert zur bleibenden Erinnerung gewidmet von Henriette Voigt Cuxhaven, den 2.8.1917«. Darin waren Bilder von Booten und

Segelschiffen bei ruhiger See, stürmischer See, im Mondlicht, unter sich drängenden Wolken, und Verse wie diese:

»In manches Herz, das längst im Sturz und Stoß
der Lebenswellen hart und starr geworden,
klingt einmal noch ein altes Kinderlied.
Doch vorwärts, vorwärts ins gelobte Land!
Die Pflicht befiehlt zu leben und zu kämpfen ...«

Als das erste Kind eine Tochter war, nahm er es noch hin, das konnte ja passieren. Es käme eben beim nächsten Mal der Stammhalter.

Henriette wurde wieder schwanger. Als man ihr nach der Geburt das Kind zeigte, erschrak sie: schon wieder ein Mädchen! Schuldbewußt empfing sie ihren Mann.

Er betrat erwartungsvoll das Zimmer, erfuhr von dem Malheur und machte wortlos kehrt.

Der Standesbeamte, dem er die Geburt anzeigen mußte, fragte: »Wie solls denn heißen?«

»Ist mir ganz gleich.«

Der Standesbeamte wußte nicht recht, was er machen sollte. »Aber das Kind muß doch einen Namen haben!«

»Na, geben sie ihm irgendeinen.«

»Also, meine Frau beispielsweise heißt Ilse ...« versuchte der Standesbeamte zögernd.

»Ja, dann nennen wirs eben Ilse.« brachte Georg Hilbert es hinter sich.

So kam Bärbels Mutter zu ihrem Namen.

In Afrika hatte er gelernt, wie man Verstauchungen mit Kuhfladen kurierte. Ilse, ungeschickt durchs Leben stolpernd, mußte öfters den stinkenden Wickel ertragen.

Was erzählte er seiner Frau über die Zeit in Afrika? Nicht viel vermutlich.

Vielleicht, daß er enttäuscht war von den gelb leuchtenden

Sandflächen, die man als erstes sah, die scheinbar unendliche Küstenwüste, Sand, hundert, hundertzwanzig, hundertfünfzig Kilometer tief ins Land nur gelber und gelblichroter Sand. So war Afrika? Danach, weiter landeinwärts, das Hochplateau, eine Savanne mit Felsblöcken und Geröll, da und dort ein paar kahle Bäume, und überall Büsche mit langen Hakendornen. Vielleicht sprach er von kargen Landschaften im Frühlicht, endlose Weiten, die darauf warteten, mit deutschem Fleiß erschlossen zu werden. Vielleicht hat über er die seltsame Sprache der Hottentotten doziert, die noch tierähnlich sei mit ihrem Schnalzen und Klicken, schon daran merke man, daß die Eingeborenen auf einer niedrigeren Entwicklungsstufe stünden. Vielleicht wußte er die eine oder andere Anekdote zu erzählen: wie sie einen, der sich ungehörig betragen hatte, hatten bestrafen müssen, man mußte hart sein, aber niemals ungebührlich hart, und manchem konnte man eben nur mit der Nilpferdpeitsche Anstand beibringen.

Vielleicht sprach er auch gar nicht über diese Zeit: daß es zuweilen ein bißchen rauh zugegangen war, daß sie gezwungen waren, manchen Wilden eine Lektion zu erteilen, die sie nicht wieder vergessen sollten, daß sie selbst hungrig und durstig und schon völlig erschöpft weiter und weiter in der glühenden Hitze marschieren mußten, von einem Feind bedroht, der nirgends war und überall, daß die Kameraden krank wurden und einer nach dem anderen starb, das alles war keine Frauensache, und jetzt hatte man Frieden und tat seine Pflicht, das sollte genügen. Das dritte Kind war endlich ein Junge und wurde nach seinem Vater Georg genannt. Auch das Nesthäkchen, zwei Jahre vor Georg Hilberts Tod geboren, war ein Junge, Hugo.

Man tat seine Pflicht, und es hatte alles seine Ordnung.

»Die Deutschen waren gute Kolonialherren«, behauptete Bärbels Mutter, als ihr Gehirn es noch zuließ, daß sie solche schwierigen Behauptungen aufstellen konnte. Hätte er zu dieser Zeit noch gelebt, wie hätte sie ihrem Vater erklärt, daß sie ihm eine Enkeltochter mit dunkler Haut schenken würde? Sie, die in seinen Augen sowieso mangelhaft war, nur ein Mädchen, wäre mit diesem Kind angekommen, das nicht nur ebenfalls das verfehlte Geschlecht hatte, sondern auch, was noch unendlich viel schlimmer war, seine Hautfarbe selbst dann nicht ändern wollte, als man es Bärbel nannte, und dem trotz dieses blondzopfigen Namens krauses Haar wachsen würde!

Auch er hatte schließlich seine Ideale.

(Was übrigens hätte er gesagt, wenn er gewußt hätte, daß dieses schwarze Kind eines Tages Oberregierungsrätin würde?)

14 Man tat seine Pflicht. Die Demokratie wollte von sich selbst nichts wissen, die Republik kam und ging über Deutschland hinweg. Dann kam wieder ein Reich, die Idealisten griffen die Frauen auf, die Rassenschande trieben, und hängten ihnen Schilder um: »Ich bin am Ort das größte Schwein, ich laß mich nur mit Juden ein!« Dann stellten sie die Frauen zur Abschreckung auf und fotografierten sie, damit später keiner sagen könnte, er hätte es nicht gewußt.

Die Idealisten sterilisierten die Rheinlandbastarde. Vorher erstellten sie Gutachten: »fremdrassig, negerischer Einschlag«. Dann verstümmelten sie den Jungen. Nachher verfaßten sie Operationsberichte: »Resektion des Samenleiters. Nachuntersuchung nicht erforderlich«.[32]

»Durch interne Verwaltungsmaßnahmen ist die Möglichkeit gegeben, die Mischlinge an einer Fortpflanzung zu hindern. Die Mutter kann durch Zwangserziehung im Konzentrationslager für die deutsche Gemeinschaft zurückgewonnen werden.«[33]

Theodor Wonja Michael erinnert sich an die Zeit: »Die größte Angst, die wir hatten, war – neben der Angst vor der physischen Vernichtung – die Angst vor der Sterilisation. Wir jungen Afrodeutschen hatten entsetzliche Angst davor.«[34]

Georg Hilbert war Stadtsekretär in Bielefeld. Im § 4 des »Gesetzes zur Wiederherstellung des Berufsbeamtentums« vom 7. April 1933 hieß es: »Beamte, die nach ihrer bisherigen politischen Betätigung nicht die Gewähr dafür bieten, daß sie jederzeit rückhaltlos für den nationalen Staat eintreten, können aus dem Dienst entlassen werden.«[35] Stolz kommentierte eine NSDAP-Schrift das Gesetz: »Gebrochen wurde mit dem Satz, daß ›alles gleich ist, was Menschenantlitz trägt‹ ...« Georg Hilbert blieb Stadtsekretär in Bielefeld.

Bei Tisch las er die Zeitung und schwieg. Reden durften die Kinder schon, nur Widerworte waren verboten. Als Lieselotte einmal ihrer Mutter widersprach, senkte er seine Zeitung, sah Lieselotte schweigend an und schlug zu. Dann hob er die Zeitung wieder und las weiter. Mittwochs nachmittags, wenn er frei hatte, mußten die Kinder antreten, damit er die Schuhe reparieren konnte.

In einer rauhen Schale, so sagt man, stecke oft ein weicher Kern.

Seine Tochter Ilse würden sie später nicht aufgreifen und mit einem Schild hinstellen, obwohl doch jeder sehen konnte, daß sie Rassenschande getrieben hatte. Aber man durfte das Wort ja nicht mehr gebrauchen, man durfte es nicht einmal mehr kennen. Keiner durfte mehr wissen, was Rassenschande war, mit dem Idealismus wars, wie gesagt, vorbei, man war wieder einmal demokratisch, die Amerikaner hatten es angeordnet, und man wollte von sich selbst nichts wissen. Demokratisch, das war frei, und es mußte keiner mehr Angst haben, wenn er etwas sagte, Angst, daß dann die schweren Ledermäntel vor der Tür stünden, um ihn zu einer kleinen Unterredung mitzunehmen. Man war jetzt frei, und darüber hinaus wars besser, sich um die eigenen Angelegenheiten zu kümmern, man konnte ja nie wissen. »Sauf dich voll und freß dich dick und halt dein Maul vonner Politik!« Aber hinsehen und sich etwas dazu denken war ja nicht verboten.

15 »In der unmittelbaren Nachkriegszeit,« erzählte Bärbel der Journalistin, »hielten sich die Leute vorsichtshalber zurück. Später, als ich zur Realschule ging, sah es schon wieder anders aus. Einmal las ein Deutschlehrer ein Gedicht vor. Er trug kurze Hosen, stand vor der Klasse und deklamierte dieses unglaublich pathetische Frühlingsgedicht, von seinem eigenen Vortrag völlig hingerissen. Wir waren sechzehn und mußten prusten vor Lachen. Alle lachten, aber es war mein Lachen, das ihn besonders provozierte. Er brach ab und stürzte auf mich zu, um mich zu schlagen. Er hatte seine Hand schon erhoben, da hielt er inne und sagte voll Haß und Verachtung: „An dir schwarzem Schwein werde ich mir nicht die Finger schmutzig machen!«»[36]

Natürlich gab es auch die Mitleidigen: »Das arme kleine Negerkind.«

»... falls er genügenden Raum zu freier Bewegung hat ...« Das Straußenei liegt jetzt bei dem chinesischen Porzellan auf dem Regal in Bärbels Zimmer, wo auch die Feldflasche liegt, auf den Fotoalben mit dem dicken, mit Frauenfiguren aus Perlmutt verzierten Einband. Fotos aus seiner Zeit in China, von Sehenswürdigkeiten, von halbnackten Kindern und von uralten Bauern mit verschmitzen runzligen Gesichtern, Gruppenfotos der deutschen Männer und Frauen (zu Karneval war man ausgelassen und hat sich verkleidet), Fotos von Schiffen und von Matrosen, Fotos von Geköpften, den abgeschlagenen Köpfen waren die Augen verbunden, ein Mann auf der Folterbank, andere am Pranger, eine Leiche mit aufgeschlitztem Bauch, andere Leichen im qualmenden Schutt eines Hauses, und dann wieder Matrosen, Stadttore, eine Landschaft, malerische Felsen, ein glänzender Buddha, chinesische Frauen in Pose, deutsche Frauen in Pose...

Als Kind hat Bärbel Stunden um Stunden in diesen Alben geblättert, fasziniert von all dem Fremden und Verlockenden und Schrecklichen. Sie erfand ihre eigenen Geschichten dazu, von fernen Ländern, Geheimnissen, Schätzen, und ließ das Schreckliche, das sie nicht begriff, einfach weg. Was man nicht in seine Geschichten hineinwebt, was man nicht erzählen kann, kommt nicht vor, ist nicht geschehen, geschieht nicht.

In den Geschichten, die sie sich selbst erzählte, hatte der Großvater mit der Handelsmarine die Welt bereist. In den Geschichten für die Spielkameraden verschmolzen Großvater und Vater zu einer Person, zu einem mythischen Helden: mit der Handelsmarine … Afrika … in Afrika verschollen … Die anderen Kinder staunten, glaubten es oder glaubten es nicht, jedenfalls schwiegen sie eine Zeitlang.

Manche Fragen schnitten nämlich in die Haut, und aus der Wunde quoll Scham hervor, und man wußte nicht einmal so recht, wofür man sich schämte – oder doch?

Es gibt ein Zeitungsfoto von ihr irgendwann aus den fünfziger Jahren, der Fotograf hat ihr beim Spiel mit einer kleinen weißen Freundin aufgelauert, und die Bildunterschrift betont, hier sehe man doch, daß es, anders als in Little Rock, in Bielefeld keinen Rassismus gebe, weißes Kind spiele ja mit schwarzem.

Das Foto wurde herumgezeigt, sieh mal, wie süß. Ohne es recht zu verstehen, wünschte sich Bärbel fort, weit fort, nirgendwohin, wünschte, nicht mehr vorhanden zu sein, schwarzes Kind, mit dem weißes ja spielte.

Der Fotograf und der Bildredakteur haben sich, anders als sie, wohl nicht geschämt.

»Eigentlich hatte ich viele Freunde«, sagte Bärbel. »Ich habe allerdings, bedauerlicherweise, auch viel Verrat von Freunden erlebt. Zu unserer Kindergruppe gehörte Dagmar, sehr blond und sehr weiß, wir wurden zusammen eingeschult. Am ersten Schultag passierte nichts, es war ja der Tag mit der Zuckertüte.«

Aber am zweiten Tag. Es regnete. Einen Grund? Die Hautfarbe war Grund genug, besonders für die Jungs mit den polnischen Namen, die hatten allen Grund.

»Ich weiß noch, daß mich zwölf Kinder auf die Bahnschienen stellten und mit ihren Schirmen verprügelten. Dagmar schlug ohne Hemmungen zu.«[37]

Das war das wirkliche Draußen: verraten werden und allein sein.

Aus solchen Erfahrungen träumte sich Bärbel fort, sehnte sich oft, ohne es recht zu wissen, nach einem großartigen Vater, der ein Held war, zur See fuhr, Abenteuer erlebte, und der, obwohl man selbst nicht nach ihm fragen durfte, seinerseits alles erfahren und eines Tages kommen würde, und alles wäre gut.

»Hätte ich gewußt, daß es dich gibt, hätte ich dich zu mir geholt, zu uns«, würde viel später ein kleiner dicker, inzwischen schon kranker alter Mann mit Baseballkappe sagen und es ernst meinen.

Als wir über einen Flohmarkt auf dem Capitol Hill schlenderten, Bärbel ein Stück vor uns an irgendeinem der Stände mit alten Kleidern, Küchengeräten, Brillen oder emaillierten Reklameschildern, erzählte er mir: »Als ich damals deinen Anruf bekommen habe, ich hätte möglicherweise eine Tochter in Deutschland, habe ich nachts im Bett gelegen und nachgedacht. Ich habe eine Tochter ... ich habe also vielleicht eine Tochter ... Na gut, dann habe ich eine Tochter. Als Soldat lernt man, die Dinge mit sich abzumachen und Verantwortung zu übernehmen. Ich hatte die Verantwortung, also würde ich sie übernehmen.«

Am Tag, nachdem die Kinder sie verprügelt hatten und Dagmar sie verraten hatte, begann Onkel Hugo mit dem Training. Sie sollte nicht mehr das hilflose Opfer sein, sie sollte lernen, sich zu wehren, treten, boxen, beißen, kratzen.

»Laß dir nichts gefallen. Und wenn einer so kommt, dann mußt du so machen und dann so, komm her, zeig mal, ja, gut, und wenn er dann so kommt, dann mußt du ihn treten, ja, so ...« Das half.

In den nächsten Jahren kämpften sie ihre Schaukämpfe, um in Form zu bleiben, zwei Jahrmarktsboxer, nein, zwei Champions, Hugo war E. A.Staatenlos und Bärbel war Bucceroni, der braune Bomber.

»Ja los, komm her, zeig mal, was du kannst, ja, jetzt, und jetzt ...« Bärbel war begeistert. Wenn es sonst nichts Gutes über Onkel Hugo zu erzählen gäbe, dafür bliebe sie ihm dennoch immer dankbar.

Die Lehrerin, Fräulein Gehrmann, war ungerecht, aber nicht rassistisch. In der Weihnachtszeit ließ sie Bärbel den Nikolaus spielen, der die Gaben verteilte, und nicht den schwarzen Knecht Ruprecht. Bärbel muß niedlich ausgesehen haben in ihrem Bischofsgewand, einem rotweißgepunkteten Morgenmäntelchen.

Fräulein Gehrmann hatte einen Liebling, die blasse ordentliche Renate, die immer adrett aussah, die immer saubere Fingernägel hatte, ein Kunststückchen, das Bärbel nie gelang, so eifrig sie auch übte. Renate war die Ausnahme, alle anderen mußten die Strafarbeit schreiben, aber ihr wurde sie erlassen. Das ergab sich jedoch nicht aus ihrer Hautfarbe, sondern daraus, daß sie Renate war. So brauchte sich Bärbel also nicht zu schämen, sondern konnte auf Renate von gleich zu gleich wütend sein.

Frau Gehrmann stellte im Unterricht eine Frage und Bärbel, ganz aufgeregt, weil sie die Antwort wußte, lief mit den Fingern schnippend nach vorn: »Oma, Oma, ich weiß das, ich weiß das!« Diese Verwechslung war nachher doch ein bißchen peinlich, denn immerhin war sie jetzt im ersten Schuljahr, also fast schon eine erwachsene Frau, da durften solche Sachen nicht mehr passieren.

Bärbel wollte die Dinge verstehen, alles begreifen, wollte wissen, warum die Dinge so sind, wie sie sind, wollte wissen, warum etwas so geschieht, wie es geschieht.

Sie sezierte die Puppe, die sie sowieso nicht leiden konnte. Aber das Innere war enttäuschend, es gab kein Geheimnis in der Puppe.

Dem Teddybär wurde die Stimme herausoperiert.

Wie hübsch der Schnee in dem gläsernen Briefbeschwerer aufwirbelte, wenn man ihn schüttelte! Leider gelang es ihr nicht, dieses Ding zu öffnen, so sehr sie sich auch abmühte. Bei dem Kinderklavier einer Cousine schaffte sie es, aber ihr Erfolg wurde nicht honoriert.

Sie führte einfache naturwissenschaftliche Experimente durch: Was würde beispielsweise geschehen, wenn man auf die heiße Glühbirne der Nachttischlampe spuckte? Kurz darauf wußte sie es: die Glühbirne zersprang, die Scherben lagen im Bett verstreut, und man wurde von der Großmutter verprügelt.

»Bist du denn verrückt geworden, Kind! Die Scherben, was dir hätte passieren können! Du hast doch nur ein Auge!«

Bärbel war ein paar Tage zuvor gegen Typhus geimpft worden. »Aua, Oma, hör auf, du haust mir doch auf die Impfe!«

Die Großmutter erschrak, daran hatte sie in ihrer Aufregung überhaupt nicht mehr gedacht, sie hielt inne, mußte selbst heulen und nahm das Kind in die Arme und tröstete es.

Schon damals hätte Bärbel lernen können, daß die naturwissenschaftliche Forschung, zunächst nur aus dem bloßen Interesse an der Erkenntnis betrieben, immer auch unabschätzbare soziale Auswirkungen haben kann.

Der Mathematiklehrer in der Realschule, der Bärbel besonders mochte, war Kriegsheimkehrer und hatte ein Holzbein fürs Vaterland (für ein Vaterland allerdings, das nicht mehr so recht opportun war).

In einer Stunde, als es darum ging, irgendwelche Kreise, Ellipsen, Tangenten oder Hyperbeln ins Heft zu zeichnen, saß Bärbel konzentriert an ihrem Tisch und zeichnete und sang selbstvergessen dabei in die Stille hinein: »Und der Haifisch, der hat Zähne …«

Der Lehrer warf seine Jacke nach ihr.

Bärbel fing die Jacke auf und warf sie zurück.

Der Lehrer fing die Jacke auf und fiel von seinem Stuhl.

Als er mühsam wieder auf seine Beine, das Bein und das

Holzbein, gekommen war, lachend, rief er: »Bärbel, Bärbel, du bist ein Enfant terrible!«

Was auch immer das heißen mochte, Enfant terrible, es klang gut, und Bärbel, die den Lehrer mochte wie er sie, beschloß, ihm den kleinen Gefallen zu tun und ein Enfant terrible zu sein.

Auch der Rektor hatte Bärbel gern. Wenn sie im Winter in seinen Physikunterricht kam, Schnee im Haar, strich er über ihre Locken, ohne Arg: »Mein Engelchen ...« Und als der Musiklehrer etwas über den Jazz und die schwarzen Musiker in Amerika erzählte, hatte sie die Ahnung, das könnte etwas mit ihr zu tun haben, »schwarz« und »Amerika« ...

In den fünfziger Jahren gab es in Bielefeld einen Sonderling, Wilhelm von Enger, der baute sich am Bismarckdenkmal auf und hielt Volksreden, die er jeweils begann: »Hier stehen zwei deutsche Männer, Otto von Bismarck und Wilhelm von Enger!«

Bärbel behauptet, nach ihm sei der Haller Willem benannt, der Zug, der noch heute auf der Strecke von Bielefeld nach Bad Rothenfelde verkehrt, auf der Strecke, an der das Haus stand, in dem ihr Vater mit der Pistole unter der Jacke gesessen hat und in dem sie ihre Kindheit verbracht hat.

Der Haller Willem und die Mutproben auf den Bahngleisen, Skifahren auf den Anhöhen im Winter, die Geräusche und der Geruch vom Sägewerk, wo sie sich mit den anderen Kindern im Holzstapel versteckte, um heimlich zu rauchen, und vom Fenster aus sah die Großmutter Rauch aufsteigen und rief den Aufseher, weil sie dachte, es brenne, und der zog die Kinder zwischen den Brettern und dem Sägemehl hervor, »Ich hab nicht geraucht, Oma, ganz bestimmt nicht« ... all das gehörte zur Kindheit wie die nie endenden Spiele mit Uschi und wie der Gang hinüber zu den Nissenhütten, wo die geheimnisvollen Leute wohnen, die freundlich waren und viele Kinder hatten. Es gab Geschichten über diese Leute, aber sie blieben unverständlich. Jedenfalls sahen es die Erwachsenen nicht gern, wenn sie zu den Nissenhütten hinüberlief.

16 Onkel Georg kam 1948 aus der Gefangenschaft. 1952 wurde Berndchen geboren, Berndchen war geistig und körperlich behindert, man gab ihn später nach Bethel, besuchte ihn dort, besuchte ihn dann nicht mehr so oft, er blieb geistig und körperlich behindert, wie auch sonst, man besuchte ihn seltener, noch seltener, besuchte ihn kaum noch und vergaß ihn schließlich in Bethel.

Georgs erste Frau starb an Diphterie, und er heiratete wieder. Er führte ein Fischgeschäft. Im Sommer lief es nie besonders gut, es war noch nicht die Zeit der riesigen Tiefkühltruhen in den Supermärkten, in den Monaten ohne R, so hieß es, solle man keinen Fisch verzehren. Aber der Sommer 1959 war besonders schlimm: es war heiß, tagelang, wochenlang, die Hitze hörte nicht auf, und die Fische verdarben. Das Geschäft ging pleite, und Georg fiel in eine tiefe Depression.

Er hatte jeden Antrieb verloren, saß am Küchentisch, starrte vor sich hin und beklagte sein Schicksal, sein Versagen, seine Unfähigkeit, seine Nutzlosigkeit, seine Antriebslosigkeit, beklagte sein ständiges Jammern und Klagen.

Was hätte der Vater zu diesem Häufchen Elend gesagt, ursprünglich als Stammhalter gedacht? Das hatte einen Sohn gezeugt, den man nur in die Anstalt stecken konnte, das saß und saß jetzt hier und bekam den Hintern nicht hoch, war zu nichts zu gebrauchen, gehörte selbst in die Anstalt, und wenn es denn Mund öffnete, dann nur, um zu klagen: »Bei Hitler hätten sie mich wenigstens vergast.«

»Jawoll!« rief Onkel Hugo fröhlich und sang: »Ofen sieben, Klappe neun ...«

Schließlich brachten sie Georg selbst nach Bethel. Dort bekam er Elektroschocks; die halfen, sagte er.

17 Bärbel erinnert sich an eine Szene, als sie ungefähr sechs oder sieben war.

Ihre Mutter wollte ausgehen und stand vor dem Spiegel, eine blaßblonde Frau in altrosa Pullover, die sich eine orangefarbene Korallenkette umlegte und einen orangefarbenen Lippenstift dick auftrug, eine Farbkombination, die wehtat wie der Verrat.

»So klein ich damals war, aber ich habe mich davor geekelt, wie geschmacklos sie sich herausgeputzt hat.«

Innerhalb weniger Wochen im Frühsommer 1955, als Bärbel neun war, heirateten erst Onkel Hugo, dann ihre Mutter, und zogen aus dem Haushalt aus.

Den leeren Sommer verbrachte Bärbel auf der Fensterbank, irgendwelche Nahrungsmittel in sich hineinstopfend, Limonade trinkend (die gab es, weil der Stiefvater in einem Getränkegroßhandel arbeitete) und aus dem Fenster starrend.

Es war so gemütlich gewesen, wenn alle beisammengesessen hatten, aber jetzt hatten sie anscheinend etwas Besseres gefunden. Hugo, Onkel Hugo ... und die Mutter ... Hatte Bärbel sich so getäuscht? Hatten sie nur darauf gewartet, endlich weggehen zu können, weil sie sich gar nicht so wohl gefühlt hatten wie Bärbel selbst? Die Kartenspiele, das Lachen ... Es mußte doch einen Grund haben, daß sie weggingen, Hugo und sogar die eigene Mutter. Es mußte auf unergründliche Weise an ihr liegen, daß die beiden weggingen. Was hatte sie bloß falsch gemacht? Sie würde es doch wiedergutmachen, wenn sie nur zurückkämen!

Immer, wenn sich Bärbel später einsam fühlen würde, wäre es eine Einsamkeit im Vergleich; die Temperaturskala möglicher Einsamkeit hatte seit diesem Frühsommer einen absoluten Nullpunkt. Das Draußen hatte sich ins Drinnen gedrängt.

Einmal, als sie mit ihrer Großmutter spazierenging, lief eine Horde Kinder hinterher: »Negerbaby! Negerbaby! Kittauge!« Die Großmutter, die nur selten schlug, drehte sich um, ging wortlos hin und schlug zu. Dann kam sie zurück, krampfte ihre Hand um Bärbels kleine Hand und ging mit ihr weiter, immer noch, ohne ein Wort zu sagen.

»Ich hätte ja eigentlich froh sein müssen, daß sie zu mir hielt, daß sie mich beschützt und verteidigt hat. Aber daß sie nichts gesagt hat, auch mit mir nicht gesprochen hat, mir nichts erklärt hat, das hat mir wehgetan, weil sie mich auf diese Weise mit meiner Scham und meinen Vermutungen und meinem Zweifel alleingelassen hat.«

»Hast du mich wirklich geliebt,« würde sie die Frage an ihre Großmutter heute formulieren, »oder hast du nur versucht, an mir etwas wiedergutzumachen, eine Schuld abzutragen?«

Ihre Großmutter verehrte August Bebel, der die Kolonialpolitik kritisiert hatte. Der war Sozialist, und der Sozialismus ist für die kleinen Leute.

Sie verehrte auch Walther Rathenau, von den Idealisten ermordet, weil er den Frieden wollte und weil er Jude war. Das Geschäft in Bielefeld, wo sie die Kleider für Bärbel kaufte (auf Pump, denn die kleinen Leute hatten nicht so viel Geld), lag in der Walther-Rathenau-Straße; jedesmal, wenn die beiden dorthingingen, erzählte sie Bärbel von diesem großen Staatsmann, der den Frieden wollte. Rathenau hatte, worüber die Großmutter nicht sprach, auch die Rohstoffwirtschaft für den Weltkrieg des Kaisers organisiert und, selbst Jude, über die Juden geschrieben: »Inmitten deutschen Lebens ein abgesondert fremdartiger Menschenstamm. Glänzend und selbstgefällig staffiert, von heißblütig beweglichem Gebaren. Auf märkischem Sand eine asiatische Horde ...«[38]

»Hast du mich lieb, Oma?« Als Kind hat sie die Frage so gestellt.

»Ach, das spürt man doch!«

Nebenbei, als solle es gar nicht so auffallen, gab es die kleinen Gesten von Fürsorge und nicht benannter Zärtlichkeit.

Die Großmutter schälte Apfelsinen, zerteilte und zuckerte sie noch zusätzlich, damit sie ja süß genug wären, während die Kleine sich wohlig auf dem Sofa räkelte und die Stückchen in Empfang nahm.

Sie erzählte die Geschichten, brachte Lebensregeln bei, die Kleine sollte sich später zurecht finden. Die Kleine hörte zu und merkte sichs gut: »Vergebung ist der Liebe schönster Sold.« Oder: »Lieber ein Ende mit Schrecken als ein Schrecken ohne Ende.«

Die Großmutter kochte Lieblingsspeisen. Wenn sich die Kleine von einer Krankheit erholte, gehörte zur Genesung immer die Frage: »Was möchtest du denn essen, Kind?« Fleisch! Immer Fleisch! – manchmal zu früh, und dann erbrach sie alles wieder. Das Beste waren die Fohlensteaks ...

Als sie herausbekam, daß Bärbel anfing zu rauchen, kaufte die Großmutter ihr Zigaretten: »Hier, besser, du rauchst dann und wann eine, wenn ich dabei bin, als wenn dus heimlich tust.« Maßvoll sein. Es gab grobe Beschimpfungen aus Sorge, als Bärbel einmal betrunken nach Hause kam; das Kind sollte doch nicht auf die schiefe Bahn geraten.

Erst, als sie glaubte, daß Bärbel durch einen Ehemann versorgt wäre, konnte sie es sich erlauben, einen Schlaganfall zu bekommen.

»Wieso lebten Sie nicht bei Ihrer Mutter?« fragte die Journalistin.

»Weil mein Stiefvater ein Nazi war«, antwortete Bärbel. »Es war gräßlich, ich bin froh, daß er tot ist.«[39]

Der Stiefvater, das war Ewald W. ... Vom Vater grün und blau geschlagen, von den Eltern mit vierzehn aus dem Haus geworfen, kümmerlicher Bäckerlehrling, geprügelter Hund, fand er in der SA und später in der Partei, wonach er suchte: hingehören, anerkannt sein, bewundern können, selbst bewundert werden, gefürchtet werden, hassen und verachten können. Später verlegte er sich auf Frauen: hingehören, anerkannt sein, bewundern können, selbst bewundert werden, gefürchtet werden, hassen und verachten können.

Bärbels Mutter war da nur eine von vielen, aber immerhin, er heiratete sie, sie brachte ihn dazu, Bärbel zu adoptieren, damit war Ilse W. geb. Hilbert nicht mehr das Negerliebchen, sie war rehabilitiert, sie war eine deutsche Ehefrau, und sie hatte sogar einen richtigen Idealisten abbekommen:

»Es sind damals gar nicht genug Juden vergast worden.«

»Aber Ewald, sowas sagt man doch nicht ...«

Seinen Sohn aus erster Ehe behandelte er so roh, wie ihn sein eigener Vater behandelt hatte.

Noch lange nach dem Tod des Stiefvaters bewahrte Bärbels Mutter die kleine runde Schatulle mit dem Ehrenzeichen aus Bronze auf, im Lorbeerkranz in der Mitte das Hakenkreuz, für irgendwelche Verdienste um die Partei. Wir warfen die Schatulle mitsamt Inhalt weg, als Bärbels Mutter ins Pflegeheim mußte und die Wohnung aufgelöst wurde.

Neben dem Bett hing sein Bild: einer, dessen Träume über die Reichsautobahn nach Osten fuhren, um in Himmlerstadt eine Fabrik mit Hunderten polnischer Arbeitssklaven zu inspizieren, eine verantwortungsvolle Aufgabe, oder in einem sonnenhellen Zimmer mit Ausblick auf die schneeglitzernden Alpengipfel zwischen sauberen Laken blonde Kinder zeugen, ebenfalls eine verantwortungsvolle Aufgabe. Auch das Bild warfen wir weg.

Jedenfalls wurde Bärbels Mutter, als Bärbel neun war, durch die Ehe mit Ewald W. wieder zu einer respektablen Person, auf Bärbels Kosten allerdings.

Er schämte sich, auf der Straße mit Bärbel gesehen zu werden, wegen der Rasse.

18 Grandma Rosie wurde als Sklavin geboren, in einer Hütte irgendwo in South Carolina oder Florida, auf einer Tabakplantage, einer Baumwollplantage, wer weiß das schon, und all diese schwarzen Kinder bekamen den Namen ihres weißen Herrn. Sie wuchs als Sklavin auf, wurde als Sklavin zur Frau, und die Weißen vergewaltigten sie. Bis zu ihrem Tod (die Sklaverei war längst abgeschafft) hatte sie panische Angst, wenn ein Weißer vor der Tür stand – sie lief in ein anderes Zimmer oder in den Keller, um sich zu verstecken.

Gottseidank standen nicht oft Weiße vor der Tür, denn sie kamen nur selten in die Viertel der Schwarzen. So konnten die Leute, auch wenn sie immer arm blieben, die meiste Zeit leben, als könnte man einfach leben; um die Rasse ging es erst, wenn die Weißen ins Spiel kamen. »Haltet die Nigger an ihrem Platz und kämpft gegen den Kommunismus«, ist die Devise des Ku-Klux-Klan.[40]

Solange einer an seinem Platz blieb, im richtigen Stadtviertel, im richtigen Wartesaal, solange einer durch die richtigen Eingangstüren ging, sich auf die richtige Bank setzte und nicht einfach auf irgendeine, solange er den Kopf gesenkt hielt, auf dem Gehsteig auswich und nicht auf die Idee kam, Gouverneure oder Präsidenten wählen zu wollen, solange hielt sich alles einigermaßen in Grenzen. Man konnte über Süßkartoffeln und Greens mit Schmalz nachdenken und darüber, wie man vielleicht an Fleisch kommen konnte, konnte sich mit Treue und Untreue beschäftigen, konnte zusehen, wie sich Schuhe für die Kinder beschaffen ließen, konnte wie die Alten die Krankheit mit einem Kräutersud behandeln, weil man noch wußte, was half, und weil man den Arzt sowieso nicht bezahlen konnte, und konnte sich nach billigem Whisky oder der ewigen Seligkeit sehnen.

Gut, fettes Fleisch gab es nur selten, und die Kinder starben, ehe man sich richtig an sie gewöhnt hatte, aber so war das eben. Schlecht gings anderen auch, sogar manchen Weißen, und hatten nicht selbst manche Sklaven sagen können: Lieber 'n Nigger als 'n armer Weißer sein?

Weil die Welt nun mal so war, hatten auch die armen Weißen manchmal schlechte Laune, und obwohl man als Schwarzer, wenn man an seinem Platz blieb, im großen und ganzen seine Ruhe hatte, ließ es sich doch nicht immer ganz vermeiden, gehängt oder verbrannt zu werden. Normalerweise geschah das nur, wenn man zur falschen Zeit am falschen Ort auftauchte oder den Kopf nicht ordnungsgemäß gesenkt hielt, aber es ließ sich, wie gesagt, manchmal einfach nicht vermeiden. Das mußte einem von vornherein klar sein, damit man nicht überrascht war, wenns einen persönlich erwischte.

»Man kann Tatsachen hinschreiben, soweit die menschlichen Begriffe von Anstand das zulassen: Ein fünfzehnjähriger Junge wurde in Tennessee an einen Zug gebunden; eine Frau im letzten Stadium der Schwangerschaft wurde in Georgia erhängt, weil sie drohte, sie werde den Mörder ihres Mannes anzeigen; ein Mann wurde in Louisiana in einen Sack genäht und ertränkt; in Mississippi wurde einer in einer Hundehütte bis an den Kopf in die Erde eingegraben, dann ließ man eine Bulldogge auf ihn los; in Arkansas wurde im Jahre unseres Herrn Jesu Christi 1921 der Neger Henry Lowry langsam gekocht, im Beisein von 500 Zuschauern. Man kann Tatsachen hinschreiben, aber kann man sie sich vorstellen?«[41]

Weil Grandma Rosie wußte, wie die Welt nun mal war, hatte sie Angst vor den Weißen. Was hätte sie gesagt, wenn sie gewußt hätte, daß ihr Enkel eines Tages in einem fernen Land mit einer hungrigen Weißen ein Kind zeugen würde?

19 Das Bureau of the Census zählte bei den Volkszählungen in den USA ab 1920 jeden, der irgendwann unter seinen Vorfahren, ganz gleich, in welcher fernen Vergangenheit, einen Schwarzen hatte, als »schwarz«: gemäß der »Ein-Tropfen-Regel« genügte ein Tropfen »schwarzes Blut«.

Schon in seinen Anfängen bezog sich der Rassismus auf Vorstellungen vom Blut. Im Spanien des 15. Jahrhunderts, um die Juden noch mehr zu bedrängen, erließ der Kommandant des Alcazar in Toledo ein Statut, das sich im Namen der »limpieza de sangre«, der Blutreinheit, gegen die bekehrten Juden richtete.

Und rund vierhundert Jahre später definierte das United States Bureau of the Census: »Eine Person, die weißes und Negerblut hat, wird als Neger betrachtet, ganz gleich, wie gering der Prozentsatz des Negerblutes ist. Schwarze und Mulatten sind ohne Unterschied als Neger zu betrachten. Personen mit gemischtem Indianer- und Negerblut sind Neger, außer wenn die Merkmale der indianischen Rasse besonders ausgeprägt sind und diese Personen in Indianergemeinschaften aufgewachsen sind. Mischlinge unter nicht weißen Rassen werden nach der Rasse des Vaters beurteilt, außer wenn es Mischlinge mit Negern sind, die durchwegs als Neger betrachtet werden müssen.«[42]

Auch das amerikanische Rote Kreuz fürchtete das »Negerblut«: es weigerte sich zu Beginn des Zweiten Weltkriegs zunächst, Blut von schwarzen Blutspendern überhaupt anzunehmen; später wurde das Blut zwar akzeptiert, man bewahrte es aber in den Blutbanken getrennt vom Blut von Weißen auf.[43]

Zur Zeit des Zweiten Weltkrieges wurde ein junger Schwarzer aus dem Norden vor einem Untersuchungskomittee gefragt, warum man ihn während seiner Ausbildungszeit in den Südstaaten vor ein Kriegsgericht gestellt hatte.

»Ich saß in einem Autobus auf einem Platz, der nicht für Farbige bestimmt war.«

»Was geschah dann?«

»Ich wurde verhaftet und kam für fünf Tage in Einzelhaft.«

Und warum er ein zweites Mal vor ein Krieggericht gekommen sei?

»Ich ging in ein für Weiße reserviertes Restaurant und bat, bedient zu werden.«

»Was geschah dann?«

»Dasselbe Urteil, Einzelhaft bei Wasser und Brot für fünf Tage.«

Damals schrieb ein Journalist: »Während Nazi-Spione und Saboteure in einer Atmosphäre von Fairneß und Gerechtigkeit verurteilt wurden, wurden sechs Neger gelyncht! Einer von ihnen, Cleo Wright, wurde verbrannt, seine Leiche zerstümmelt, an ein Auto gebunden und durch die Straßen von Sikeston,

Missouri, geschleift. Die Kriegsjahre brachten ein Wiederaufflammen der Lynchmorde mit sich, und Rassenaufstände waren zahlreich. Deshalb waren viele Negersoldaten von der Notwendigkeit überzeugt, bei ihrer Rückkehr den Kampf für Demokratie zu Hause fortzusetzen.«[44]

20 »Sie werden uns nicht mehr los!« sagte Bärbels Vater und lachte in sich hinein. »Wir haben zu viel für dieses Land getan. Sie können uns nicht mehr loswerden, und wenn sies noch so sehr wollen.«

Nach dem Krieg sei er einmal hier mit ein paar Bekannten zu einem Konzert von Paul Robeson gegangen, sagte er und deutete im Vorbeifahren auf ein großes Gebäude aus rotem Ziegelstein. Wer kennt heute noch Paul Robeson? Wenn er mit mächtiger Baßstimme »It ain't necessarily so« sang, hieß das: es ist nicht notwendigerweise so, daß der Mensch über den Menschen herrscht, es könnte auch ganz anders sein. Deswegen mußte er als Kommunist ins Exil gehen, und deswegen kennt ihn auch kaum noch einer. »Er konnte wunderschön singen. Zwischen den Liedern hat er versucht zu agitieren: Neger, ihr werdet ausgebeutet! und so was. Na, das wußten wir schon selbst, das brauchte er uns nicht erst zu erklären. Aber er konnte so wunderschön singen!«

Im August 1963 war Bärbels Vater dabei, als sie von überallher nach Washington kamen und Martin Luther King vor dem Lincoln Memorial die Rede hielt: »In gewissem Sinne sind wir in die Hauptstadt unseres Landes gekommen, um einen Scheck einzulösen. Als die Architekten unserer Republik die großartigen Worte der Verfassung und der Unabhängigkeitserklärung schrieben, unterzeichneten sie einen Schuldschein, zu dessen Einlösung alle Amerikaner berechtigt sein sollten. Dieser Schein enthielt das Versprechen, daß allen Menschen – ja, schwarzen Menschen ebenso wie weißen – die unveräußerlichen Rechte auf Leben, Freiheit und den Anspruch auf Glück garantiert würden. Es ist heute offenbar, daß Amerika seinen Verbindlichkeiten nicht nachgekommen ist, soweit es die schwarzen Bürger betrifft. ... Es wird weder Ruhe noch Rast in Amerika geben, bis dem Neger die vollen Bürgerrechte zugebilligt werden. Die Stürme des Aufruhrs werden weiterhin die Grundfesten unserer Nation erschüttern, bis der helle Tag der Gerechtigkeit anbricht. ... Heute sage ich euch, meine Freunde, trotz der Schwierigkeiten von heute und morgen habe ich einen Traum. Es ist ein Traum, der tief verwurzelt ist im amerikanischen Traum. Ich habe einen Traum, daß eines Tages diese Nation sich erheben wird und der wahren Bedeutung ihres Credos gemäß leben wird: ›Wir halten diese Wahrheit für selbstverständlich: daß alle Menschen gleich erschaffen sind.‹ ... Und die Herrlichkeit des Herrn wird offenbar werden, und alles Fleisch wird es sehen.«[45]

In jeder größeren amerikanischen Stadt gibt es einen Martin Luther King Jr. Boulevard oder einen Martin Luther King Jr. Memorial Drive, die durch die schwarzen Slums führen. Und einen Feiertag hat man aus ihm gemacht.

Die Gedenkstätte, die in Atlanta an seinem Grab eingerichtet wurde, zählt zu ihren Sponsoren auch McDonalds.

Bärbels Vater wählte die Demokraten. »Ich bin ein hundertfünfzigprozentiger Amerikaner.«

Am Lincoln Memorial, zu Füßen des versteinerten Präsidenten, der nicht verhindern kann, daß sich Tauben auf seiner Schulter niederlassen, sagte er: »Das ist der Mann, der uns befreit hat.«

Aber anders, als der Mythos es will, führte Abraham Lincoln den Bürgerkrieg nicht aus Abscheu vor der Sklaverei. In einem Brief schrieb er: »Mein Hauptziel in diesem Kampf ist, die Union zu retten, und nicht, die Sklaverei zu zerstören.«[46] Er mochte die Schwarzen nicht und war dafür, sie nach Haiti oder

Liberia auszusiedeln. Einer Delegation von Schwarzen erläuterte er seinen Standpunkt: »Eure Rasse hat viel gelitten, viele von euch dadurch, daß sie mit uns leben, und wir unsererseits leiden unter eurer Anwesenheit. Kurz, wir leiden alle. Wenn ihr nicht hier wärt, würde es keinen Krieg geben, und doch haben die Menschen ... keinerlei Sympathie für euch ... Deshalb ist es besser für uns alle, wenn wir uns trennen ...«[47]

»Sie werden uns nicht mehr los! Wir haben zu viel für dieses Land getan.«

Schon sein Vater ging für dieses Land in den Krieg. Die Deutschen setzten Gas ein. Er kam zurück und war zu nicht mehr viel zu gebrauchen. Er saß die meiste Zeit auf der Veranda und strengte sich an, den Tod jeweils einen mühsamen Atemzug weiter hinauszuschieben.

Die Wirtschaftsfachleute organisierten Produktion, Distribution, Ziffern, Vorgaben, Nachschub, Versorgung. Die Generäle beugten sich über Meßtischblätter und trafen mit deutschen Mienen Entscheidungen, die dazu führten, daß irgendwo an der Westfront eine Gasgranate explodierte.

Soll das alles sein, was sich von Ed Ballenger heute noch erzählen läßt? Daß er irgendein Opfer irgendeiner Gasgranate wurde, belanglos, weil genausogut irgendein anderer das Opfer irgendeiner anderen Granate hätte werden können?

Wo ist all das andere aufbewahrt, das, was wirklich interessant sein könnte? Wie er als Kind hingefallen ist, wie er seine Milchzähne verloren hat. Wie er Callie zum ersten Mal begegnete. Der Hochzeitstag. Mag sein, daß er, wie später sein Sohn, gern zum Angeln ging. Er wird eine Art gehabt haben zu lachen und eine Art, wütend zu werden, wenn er erfuhr, daß die Kinder etwas angestellt hatten.

Grandma Rosie, nicht für immer den Männern mit den Gürtelschnallen und schmutzigen Schuhen ausgeliefert, für die es erledigt war, noch bevor sie sich wieder die Hose zugeknöpft hatten: sie wird eine Art gehabt haben, sich die Hände an der

Schürze abzuwischen. Ganz bestimmt hatte sie eine Lieblingsfarbe. Eine Melodie, die sie manchmal selbstvergessen vor sich hinsummte. Wo ist all das erinnert?

Beschreibt man die Opfer ausschließlich als Opfer, dann erst ernennt man sie zu Opfern. Grandma Rosie hat immerhin Kinder großgezogen, dazu gehört Mut.

Ed Ballenger saß auf der Veranda und atmete, und irgendwann starb er.

Wäre es nach den deutschen Generälen gegangen, hätte er schon viel früher sterben sollen. Eigentlich war es ihnen natürlich ganz gleichgültig, wann und wo Ed Ballenger starb, und Rathenau, der die Kriegswirtschaft organisierte und später ermordet wurde, weil er Frieden wollte, interessierte sich für die schönen Künste, aber nicht dafür, welche Rolle so ein Ed Ballenger in Krieg oder Frieden spielen mochte. Und der, der die Gasgranate abgefeuert hatte, war froh, wenn er die eigene Haut retten konnte. Allenfalls hat er später vielleicht, vorausgesetzt, er überlebte, den einfachen Gefreiten gewählt, der dem Marschall Hindenburg die Hand reichte und Deutschland zu neuer Größe führen sollte. So mag er seinen kleinen Teil dazu beigetragen haben, daß wieder irgendwelche Unbedeutenden irgendetwas auf andere Unbedeutende abfeuerten, ebenso belanglos wie Ed Ballenger.

Aber obwohl er ihnen allen doch völlig gleichgültig war, haben sie alle und noch unzählige andere hart dafür gearbeitet, daß Ed Ballenger sterben sollte, was er schließlich auch tat.

Callie mußte die Familie durchbringen, energisch und unermüdlich wie die andere, die weiße Großmutter.

Vielleicht war es überhaupt nur die Ähnlichkeit zwischen den beiden Frauen, weswegen John später ein zweites Mal mitging in die Wohnung in Brackwede, in der man sich wie in einem Museum vorkam, und noch ein drittes Mal mitging und ein viertes Mal und ... vielleicht war es überhaupt nur die Ähnlichkeit ihrer Mutter mit seiner Mutter, die Ilse für ihn attraktiv machte, die ihr ein Gesicht verlieh unter all den hungrigen Frauen ohne Gesicht. So wie er attraktiv wurde durch den Duft von Bohnenkaffee.

Callie betrieb das, was er ein »Hotel« nennen würde, in Wirklichkeit eine billige Pension für Arme, für schlechtbezahlte Wanderarbeiter, für Rentnerinnen, Arbeitslose, dort fand Unterkunft, wer sich eine richtige Wohnung nicht leisten konnte.

Auch später noch hatte er diese Art die Dinge zu beschönigen: es war fast ideal, wie die Verwandten in South Carolina lebten, im Wohnwagen, man ist auf diese Weise viel mobiler, man ist freier, und um Freiheit geht es schließlich in einer Demokratie …

»Meist denkt man nicht an die Fernwirkung von Kriegen: Wir assoziieren mit dem Ersten Weltkrieg die Entstehung des Faschismus, die Oktoberrevolution in Rußland, die Giftgase, die Toten in den Schützengräben. Wir kommen gar nicht auf den Gedanken, die Schlachten an der Marne oder am Isonzo oder den Untergang des Habsburgerreichs mit dem großen Migrationsschub aus dem Süden der Vereinigten Staaten in Verbindung zu bringen, durch den sich die Städte des Nordens so grundlegend veränderten. Zwischen 1916 und 1919 verließen rund eine halbe Million Schwarze den ländlichen Süden (eine weitere Million folgte in den zwanziger Jahren).«[48]

21

Grandma Rosie hatte recht helle Haut und Sommersprossen und indianische Gesichtszüge. Vor Grandma Rosie haben die gelebt, von den keiner mehr erzählen kann. Vielleicht gibt es in den Archiven alte Frachtlisten, irgendwo vielleicht Aufstellungen von Vieh- und Sklavenbestand, Käufe und Verkäufe mit Namen aufgeführt, Todesfälle und Geburten. Vielleicht könnte man in Washington oder Greer eine Spur aufnehmen und bis in die Tiefe der Zeit verfolgen. Aber was könnte man überhaupt finden? Namen von Unbekannten, deren Geschichten in den Dokumenten nicht erzählt werden, weil sich die, die sie verfaßt haben, nicht mit Menschen abgaben, und Datumsangaben, Kaufpreisen, Vertragsbedingungen, alte Tinte auf bräunlichem Papier.

Antebellum, der noble Süden: schwere süße Luft, Spanisches Moos an den Ästen und Zweigen, eine Allee zum Herrenhaus mit den leuchtendweißen Säulen, drinnen Kristallkaraffen auf dunklem Holz, Gobelins mit Hirtenszenen, eine Spieluhr, Porzellan aus Meißen, könnte man doch Europa bereisen! Man rauchte Zigarren aus Cuba und trank guten Whisky, berechnete Erträge, ging sonntags zur Kirche, widerwillig zwar, aber die Kinder sollten doch lernen, Gut und Böse zu unterscheiden, man setzte auf Hähne, gebrauchte die Peitsche. Hinten waren die Hütten, das Wilde, das jederzeit hervorbrechen konnte, Feuer, Schweiß, stinkende Wollust, die heidnischen Götter.

»... daß alle Neger oder anderen Sklaven, welche sich bereits innerhalb der Provinz vorfinden, und alle Neger und anderen Sklaven, die hiernach in die Provinz eingeführt werden, sollen dienen Durante Vita. Und alle Kinder, einem Neger oder anderen Sklaven geboren, sollen Sklaven sein wie ihre Väter waren, für die Spanne ihres Lebens«, hieß es 1664 in Maryland in dem Statut, das die Rechtsgrundlage für die Sklaverei schuf.[49]

Ein ehemaliger Sklave erzählte, die Frau eines weißen Predigers habe sich eines Sonntags morgens bei ihrem Mann über die schwarze Köchin beschwert. Daraufhin habe dieser die Sklavin aus der Küche geholt, aufgehängt und geschlagen, bis sie keinen Laut mehr von sich geben konnte. Dann sei er in seine Kirche gegangen und habe den Gottesdienst abgehalten, und als er danach zurückgekommen sei, sei das aufgehängte Mädchen tot gewesen.[50]

»Ich sah meine Mutter, um sie als solche zu erkennen, nie mehr als vier oder fünf Mal in meinem Leben; und jedes Mal war nur von kurzer Dauer und in der Nacht. Sie war von einem Mr. Stewart gemietet, der um die zwölf Meilen von meinem Heim lebte. Sie machte ihre Reisen, um mich in der Nacht zu sehen, indem sie die ganze Entfernung zu Fuß zurücklegte, nachdem sie ihre Tagesarbeit geleistet hatte. Sie war eine Feldarbeiterin, und eine Auspeitschung ist die Strafe dafür, nicht bei Sonnenaufgang auf dem Feld zu sein ... Ich entsinne mich nicht, meine Mutter jemals bei Tageslicht gesehen zu haben. Sie war bei mir in der Nacht. Sie pflegte sich mit mir hinzulegen und mich in den Schlaf zu bringen, aber lange, bevor ich wach war, war sie fort.«[51]

Das berichtete einer, der fliehen konnte und das, was er erlebt hat, auf Papier schreiben konnte. Die, die nicht fliehen konnten und denen man wohlweislich nicht das Lesen und Schreiben beibrachte, schrieben es in Ackerfurchen, Wagenräder, Hufeisen, in ihre Milch, die sie den Kindern der Herrin geben mußten. Und sie hatten Lieder, die Lieder, die später Paul Robeson sang: »Hat mein Herrgott nicht Daniel befreit? Warum also nicht jeden Menschen!«

Wenn es stimmt, was sie im Voodoo glauben, sitzen sie in Kindia im Hof bei den Lebenden und flüstern miteinander, als Bärbel von Youssouf Fádiga den Leuten vorgestellt wird.

– Die ist auch eine von uns?

– Aus Deutschland, wo ist das, Deutschland?

– So viele Weiße? Muß sie sich da nicht ständig fürchten unter all den Weißen?

– Sieh sie dir mal genau an, diese Falten um ihren Mund, sie sieht ganz aus wie du.

– Nach all den Generationen, daß man es noch erkennen kann ...

Die Wunden schmerzen nicht mehr, wenn man tot ist.

Seit dem 15. Jahrhundert hat Afrika durch den Sklavenhandel schätzungsweise fünfzig bis hundert Millionen Menschen verloren.[52] Andererseits war es die Ausbeutung der schwarzen Sklaven, die die wirtschaftliche Entwicklung der USA ermöglichte.

22 Das transatlantische Handelssystem war als Dreieck organisiert. Die Händler kauften zum Beispiel Tuche, Branntwein, Metallwaren und Waffen, vor allem Waffen, in Europa und verschifften diese Waren nach Afrika. Dort wurden sie gegen Sklaven eingetauscht. Die Sklaven wurden nach Amerika geschafft und dort verkauft; vom Erlös wurden dann Zukker, Tabak, Rum oder andere Produkte eingekauft, die dann in Europa wiederum verkauft wurden. Vom Erlös erwarben die Händler zum Beispiel Tuche, Branntwein, Metallwaren und Waffen, vor allem Waffen ... Die Gewinne waren jeweils enorm.

Es stank unerträglich im Schiffsrumpf, Kot und Urin, unerträglich, und sie mußten es doch ertragen, wenn sie nicht starben und einfach liegenblieben und es denen eng machten, die noch lebten. Manchmal wurden sie an Deck geholt und mußten tanzen, tanzen, und wehe, sie weigerten sich. Kinder, die zu schwach waren, Gebrechliche, Sterbende wurden über Bord geworfen.

Und dann, auf dem Markt, bei der Auktion, wurden sie ausgestellt, und Männer, die über einen Kauf nachdachten, untersuchten die Körper, prüften Zähne, Muskeln, Brüste, Geschlechtsteile, Menschen wurden Nutzvieh.

Die Sklaven auf der Farm stammten von überall her, aus ganz verschiedenen Völkern. Aber auch wenn man auf einen aus der Heimat traf, war es in jedem Fall streng verboten, die vertraute Sprache zu sprechen. Die Weißen achteten darauf, Leute der gleichen Herkunft voneinander zu trennen. Fünf oder mehr durften nur zusammenkommen, wenn ein weißer Aufseher dabei war. Man hatte keine Eltern, keine Kinder, kein Dorf, keine Sprache, keine Welt. Wenn man initiiert war, wenn einen die Alten gelehrt hatten: wozu? Die heiligen Geschichten und die Zeremonien, selbst, wenn sie nicht verboten gewesen wären, hätten keinen Sinn mehr gemacht. Manche töteten sich selbst, wie schon andere zuvor während der Überfahrt.

Die Menschen sangen und würden immer wieder singen: »Sometimes I feel like a motherless child, a long way from home ...«

Aber die Wunden schmerzen nicht mehr, wenn man tot ist.

Eine junge schwarze Frau, barfuß, in der Hand die Hacke, steht am Pferdekarren, oben sitzt ein schwarzer Junge neben dem schwarzen Kutscher. Es geht aufs Feld hinaus. Das war auf der James Hopkinson Plantage in Edisto Island, South Carolina.

Ein schwarzer Mann führt den Pflug. Schwarze Männer und eine schwarze Frau arbeiten mit der Hacke. Andere schwarze Frauen mit Kopftüchern pflanzen Süßkartoffeln. Das war auf der gleichen Plantage, 1862.

Ein bärtiger weißer Mann mit Hut sitzt auf einem Pferd und wacht über die schwarzen Männer, die die flockige Baumwolle von den Sträuchern klauben. Wo und wann das war, weiß man nicht.

Eine schwarze Familie steht bei den großen Körben, in denen sich die Baumwolle bauscht. Alle mußten pflücken, auch die Kinder. Das war in Savannah, Georgia.

Im Gänsemarsch kommen die schwarzen Männer und schwarzen Frauen vom Feld zurück, tragen große Ballen auf den Köpfen. Das war in Charleston, South Carolina.

Renty, ein alter Feldsklave, er soll aus dem Kongo stammen, sieht dem Fotografen und damit auch dem Betrachter der Daguerreotypie direkt in die Augen. Es ist keine Wut mehr und keine Anklage in seinem Blick. Renty ist bloß müde von den vielen Jahren. Das war auf der Taylor Plantage in Columbia, South Carolina, 1850.[53]

Jede und jeder von denen auf den alten Fotografien ist eine oder einer von ihnen.

– Die ist auch eine von uns?

– Aus Deutschland, wo ist das, Deutschland?

»Er brandmarkte uns. Er brandmarkte meine Mutter, bevor wir Georgia verließen. Chef, das hat sie fast umgebracht. Er brandmarkte sie auf der Brust, dann zwischen den Schultern. Er brandmarkte uns alle.«[54]

Noch einmal: wie sind die Dinge wirklich geschehen? Die einen erinnern sich an hinterhältige, heimtückische Wilde, zu faul und zu dumm für eine rechte Arbeit, ihr Inneres ein Dschungel wie der, aus dem man sie geholt hatte, Wilde, die nur ihr verschlagenes Negerlachen lachten, wenn man zu viel Milde zeigte. Andere zweifelten oder hatten Mitleid: ach, im besseren Fall wie Kinder, gutmütig, man mußte die Neger Gottesfurcht lehren, und, wenngleich sie edlere Empfindungen nicht hatten, so schienen sie doch fähig zu einem gewissen Maß an kreatürlicher Treue und Dankbarkeit. Sind die Dinge so geschehen, wie überlebende Opfer sie erinnern? Von Hundezähnen zerfetzte Schenkel, der Blick des Entlaufenen, der aus den Sümpfen wieder zurückgebracht wurde, und der wußte, was ihm bevorstand, weil er gesehen hatte, wie sie es mit anderen gemacht hatten ... Die Historiker stellen Zahlen zusammen: ungenaue Angaben, ein paar Hundert mehr oder weniger, ein paar Tausend, ein paar Millionen.

Besser wohl, auf das Flüstern im Hof zu hören, als in den Archiven zu suchen!

23 In Boffa, einem Küstenstädtchen im Norden von Guinea, steht eine Kirche aus dem Jahre 1877. In Boffa lebt die Familie Natigal, die zu ihren Vorfahren den deutschen Forscher Gustav Nachtigall zählt. Von Boffa aus wurden die Sklaven nach Übersee verschifft. Bärbels Vorfahren vielleicht?

Waren es Fulbe, die man versklavt hat? Oder waren es Koniagui, Bambara, Soussou, Malinké, Djallonké, Gola oder Mendé, von den Fulbe gejagt und versklavt? Die Gesichtszüge ... In Boffa hält man Bärbel für Jean-Claudes Schwester, und ihrem Vater, als er jünger war, sieht er zum Verwechseln ähnlich (von Jean-Claude wird später noch die Rede sein). Jean-Claudes Vorfahren mütterlicherseits sind Soussou, väterlicherseits sind es Franzosen und Fulbe aus Coumba Margaya, einem Dorf im Fouta Djallon.

Der Fouta Djallon ist eine Bergregion in Guinea: Hochplateaus, unterbrochen von einzelnen Hügeln und von tiefen Tälern; zu drei Vierteln sind es Lateritböden, grün in der Regenzeit, aber in der Zeit, in der der Harmattan weht, trocken und unfruchtbar.

In dieses Land zogen Fulbe, ein Hirtenvolk, weideten ihre Rinder und ließen sich schließlich nieder.

Obwohl damals nur oberflächlich islamisiert, führten sie im 18. Jahrhundert einen Heiligen Krieg, in dem sie sich den Fouta Djallon unterwarfen.

Ihre beiden Führer waren Karamoko Alfa, ein sehr frommer Gelehrter, und Ibrahima Sori, ein Feldherr, der bekannt war für seine Überraschungsangriffe im Morgengrauen, und den man deshalb Sori nannte, den Morgendlichen. Auf sie beriefen sich in der Folgezeit die beiden Gruppen, die einander im Fulbestaat im Fouta die Macht streitig machten, zunächst im offenen Bürgerkrieg, später im Rahmen einer komplizierten und fragilen Staatskonstruktion, in der die beiden Parteien jeweils im Wechsel der Herrscher, den Almamy, stellten.

Der Staat war eine Art von theokratischer Föderation kleinerer feudaler Gebilde, durch die gemeinsame Religion vereint und von einem politisch-religiösen Oberhaupt geführt. An der Spitze der Gesellschaft standen die religiös und politisch führenden Familien, danach folgten die freien Fulbe und schwarzen Moslems, die Lehenspflichtigen, als besondere Gruppen die Handwerkerkasten, die in eigenen Wohnvierteln lebten, und am unteren Ende der Hierarchie die Sklaven, die manchmal in eigenen Dörfern wohnten. Die besser gestellten Haussklaven, sozusagen in die Familie des Herren hineingeboren, hatten Rede- und Bewegungsfreiheit, Kriegsgefangene oder im Sklavenhandel gerade Erworbene wurden schlechter behandelt, streng beaufsichtigt und zu schweren Arbeiten gezwungen. Die Zwangsarbeit der Sklaven und der Sklavenhandel bildeten die ökonomische Grundlage des Reiches, der Islam, der das Leben zunehmend bestimmte, die religiöse.

An der Institution der Sklaverei änderten zunächst auch die französischen Kolonialherren nichts.

In der Nähe von Timbo, dem ehemaligen Sitz des Almamy, liegen, zwischen den Feldern über den Hügel verstreut, die Hütten des Fulbedorfes Coumba Margaya, das zur Gemeinde von Sarebowal gehört. Das Sklavendorf in der Nähe von Coumba Margaya kann man bequem zu Fuß erreichen.

Die Ältesten von Coumba Margaya erzählen ihre Geschichte so:

Zunächst kamen die Angehörigen der Familie Fádiga. Sie kamen im 15. Jahrhundert aus Äthiopien und zogen bis zum Reich Mali. In Tuba im heutigen Senegal ließen sie sich unter ihrem Anführer El Hadj Saliou nieder.

Ihn suchten zwei Fulbekrieger aus dem Norden auf, um mit ihm Rat zu halten, wie der Fouta Djallon für den wahren Glauben gewonnen werden könnte. Er sagte ihnen am Abend: »Geht jetzt schlafen. Ich werde beten und Gott um Antwort fragen.« Am nächsten Morgen dann wußte er die Antwort: »Gott hat mir einen Ort gewiesen. Geht und sucht diesen Platz im Fouta Djalon in der Nähe von Timbo. Dort sollt ihr euch ansiedeln.«

Der jüngere dieser beiden Brüder ließ sich in Dábola nieder, der ältere in Timbo. Sein Sohn Ibrahim, genannt Karamoko Alfa, wurde dort später der Almamy.

Der Bruder Ibrahims zerschlug im Dorf Nossogorama die Trommel und trieb die Tänzer davon: so begann der Djihad, der Heilige Krieg gegen die Ungläubigen.

Boten riefen Verbündete. Aus Mali kam Ousman Fádiga, der Sarebowal gründete, den »Platz ohne Bäume«. Aus dem Gebiet des heutigen Burkina Faso kamen die Cissé. Vom unteren Kongo kamen die Kalé und die Fofana (Vorfahren von Mbemba Fofana). Aus dem heutigen Senegal kamen die Savanné und schließlich die Touré.

Karamoko Alfa begann den Djihad mit zweiundzwanzig Kriegern, zehn davon Malinké, zwölf Fulbe. Sie beteten. In die Rinde eines Baumes wurde als Ziel ein Kreis geritzt. »Allah, der, dessen Herz von niederer Gesinnung ist, und der, der nicht wirklich kämpfen will, dessen Pfeil wird nicht treffen.« Alle trafen.

Die Entscheidungsschlacht fand im Juni 1641 statt: man tötete den Herrscher der Ungläubigen, viele Gefangene wurden gemacht. Timbo wurde die Hauptstadt, Sarebowal das geistige Zentrum, Sitz der Gelehrten und der Weisen.

Alfa Samba Fádiga pflanzte in Sarebowal einen Kolabaum, einen zweiten pflanzte er in Coumba Maragya, um den Segen von Sarebowal an das Dorf weiterzugeben.[55]

Eine Delegation der Ältesten von Kindia begleitete uns nach Coumba Margaya. Man empfing uns unter dem Kolabaum, wieder wurden Hände und Hände geschüttelt in der langen Zeremonie der Begrüßung.

Unter dem Kolabaum breitete man fünfmal täglich die Gebetsmatten aus.

Abends saß man hier, die Gäste auf den Ehrenplätzen, den Plastikstühlen, die Dorfleute am Boden. Die Männer hörten im Transistorradio die Nachrichten für die ländlichen Gebiete, man schwieg oder redete mit gedämpfter Stimme, bis die Petroleumlampe gelöscht wurde und man in der Dunkelheit den Weg zur Hütte suchte.

Die Kinder beobachteten die Fremden stumm und aufmerksam aus angemessener Entfernung, einen Tag, auch den zweiten, schließlich hängten sie ihre Schultafeln an den Kolabaum und erklärten den Fremden, was sie gelernt hatten.

Da war der halbwüchsige Junge, der respektvoll darum bat, Bärbels Umhang, den sie abgelegt hatte, für sie tragen zu dürfen, und der ihr dann folgte wie ein Schatten.

Da war das schöne junge Mädchen, dreizehn oder vierzehn vielleicht, das ein Baby auf den Rücken gebunden hatte.

Da war der junge Mann, der den schmutzigen Verband loswickelte und seine infizierte Wunde zeigte, vielleicht würde er daran sterben.

Da war der Schlachter, ein sanfter Mann, in zerschlissenes Grau gekleidet.

Da war der blinde Hundertjährige, den sie aus seiner Hütte trugen, damit auch er uns segnen konnte.

Da war die Witwe, die sagte: »Was muß der Tod für ein Kerl sein, wenn er sogar meinen Mann geschafft hat!«

Da war der Mann im braunweißgestreiften Boubou, der seinen kleinen Jungen in den Armen barg.

Da war die Frau, die am Feuer Essen zubereitete, während hinter ihr ein Rind aus einer Blechschüssel trank.

Da waren die Toten hinterm abgeernteten Erdnußfeld.

»Du tauchst in das Paradies ein wie ein Kormoran ins Wasser«, heißt es in einem Gedicht der Fulbe, das einem Heiligen gewidmet ist.[56] Mbemba Fofana geht hinaus in die Wildnis und kann in die Zukunft und in die Herzen sehen. Ihn haben die Franzosen zu den Analphabeten gezählt, weil er nur arabisch schreiben und lesen konnte, nicht den Figaro las, sondern den Koran.

24

In der Kultur der Fulbe und der Bambara gibt es jeweils zwei Wörter, um die Person zu bezeichnen. Das erste der beiden Wörter bedeutet »die Person« und das zweite »die Personen der Person«.

Die Person umfaßt also eine Vielfalt von Personen, und es ist die Lebensauftrag eines jeden, die Person zu werden, in der all diese Möglichkeiten harmonisch zusammenfinden.

Alle Tendenzen im Kosmos finden sich im Menschen wieder. Der Mensch entspricht der Welt. Möglichkeiten, Einflüsse, Kräfte, Nacht und Tag, das Gute wie das Böse, der Tod wie das Leben, das Verhalten des Menschen entscheidet darüber, wie er sich ordnet, wozu er wird.

Und was allgemein in Afrika gilt, gilt auch hier: Der Einzelne

»... kann ... nicht für sich existieren, sondern nur als Glied der Gemeinschaft. Wenn er leidet, so leidet er nicht allein, sondern mit der Gruppe, der er angehört; wenn er sich freut, so freut er sich nicht allein, sondern mit seinen Artgenossen, Nachbarn und Verwandten, ob diese nun tot oder noch am Leben sind. ... Was immer dem einzelnen widerfährt, geht die ganze Gruppe an, und was der ganzen Gruppe widerfährt, ist ebenso Sache des einzelnen. Das Individuum kann nur sagen: ›Ich bin, weil wir sind, und weil wir sind, bin ich‹.«[57]

Niemand ist privat, jeder ist auch all die anderen, die Angehörigen, Altersgenossen, die Toten, Lebenden, Ungeborenen, ist die Gefährten, die Eltern, Großeltern, die Brüder, Schwestern, Vettern, Kusinen, Onkel, Tanten, ist die anderen Dorfbewohner, die anderen aus dem Viertel, die Ahnen, Nachkommen ...

»Hör gut hin«, hieß es in alter Zeit in Westafrika, »alles spricht, alles ist Wort, alles sucht, uns ein Wissen mitzuteilen ...«[58]

Das Wort »Text« wurde aus dem Lateinischen entlehnt; »textus« bedeutet urspünglich »Gewebe, Geflecht, Verbindung, Zusammenhang ...«. Das Wort »Textilien« entstammt derselben Wurzel. Die Weber der Malinké verstanden, wie das Weberschiffchen des Schicksals zwischen den Fäden der Kette dahinfährt, die für das Leben stehen, dem Gewebe sein Inneres einflechtend, den Faden; sie wußten, daß das Leben ein fortwährendes Kommen und Gehen war, hin und her, wie das Schiffchen hin und her ging ... Sie wußten: »Der Schmied schmiedet das Wort, der Weber webt es, der Lederbearbeiter schlägt es glatt.«[59]

In ganz Westafrika und, nachdem die Sklaven nach Nord- und Südamerika verschleppt wurden, auch dort, webt man schmale Tuchstreifen, in sich wieder mit Streifen unterschiedlicher Breite und Farbe gemustert, dann näht man die Tuchstreifen zu größeren Bahnen zusammen, mit ihren Mustern dabei unterschiedlich gegeneinander versetzt. So entstehen unterteilte Flächen mit Übergängen, Wiederholungen, Parallelen, Abweichungen und unerwarteten Kontrasten, eine optische Analogie zu der Polyrhythmik und den Phrasierungen und Ruf-und-Antwort-Gliederungen der Musik dieser Völker.

25 In einer Anrufung, mit der die Fulbe im Fouta Djallon den Reichtum der Herden beschworen, hieß es:

»Sie stürzen sich auf mich, sie greifen mich an,
sie kommen her wie ein anwachsender Fluß,
wie Flüsse, begierig, ihre Gewässer zu mischen;
der Konkouré, der Schwarze Fluß und der Dioliba zusammengeflossen,
ihre Fluten rollen: meine Kühe überschwemmen mich, überwältigen mich,
ich bin ertrunken in meiner Herde
...
O Reichtum, Überfluß ...
gefüllt die Melknäpfe,
gefüllt die Tassen, um die Milch einzudicken,
gefüllt die Tassen mit Butter ...
O, die Hände fettig von Sahne,
die Bäuche gefüllt, die Münder gesättigt ...
O meine Ruhe, meine Muße;
meine zahlreichen Frauen, meine zahlreichen Knaben,
meine zahlreichen Lagerstätten, meine zahlreichen Sklaven ...«[60]

Der Prophet Mohammed, so wird berichtet, habe gesagt: »Fürchtet Gott in dem, was eure Sklaven betrifft. Ernährt sie mit dem, was ihr eßt, und kleidet sie mit dem, was ihr tragt, und gebt ihnen nicht Arbeit, die ihre Kraft übersteigt. Die euch gefallen, behaltet, und die euch nicht gefallen, verkauft. Fügt Gottes Geschöpfen keinen Schmerz zu. Er machte, daß ihr sie besitzt, und hätte Er es so gewünscht, hätte Er gemacht, daß sie euch besitzen.«[61]

Vielleicht war das Schicksal der in Westafrika verbleibenden Sklaven leichter als das derjenigen, die im transatlantischen Handel nach Nord- oder Südamerika oder in die Karibik verkauft wurden, aber die alte, ehrwürdige Tradition der Sklaverei in Westafrika, der auch die französischen Kolonialherren ihren Respekt erwiesen, die ansonsten von afrikanischen Traditionen nicht viel hielten, scheint in Wirklichkeit alles andere als respektabel gewesen zu sein.

Selbst wenn man von den Massakern bei den Sklavenjagden, den Vergewaltigungen und alltäglichen Mißhandlungen absieht, so bleibt die westafrikanische Sklaverei immer noch unmenschlich, gerade, wenn man sie an den Vorstellungen von einem sinnvollen menschlichen Leben mißt, wie sie in diesen Kulturen entstanden sind.

Das Wort der Fulbesprache, das die besser gestellten Sklaven bezeichnet, macht dies deutlich: rimaibe, jene, die nicht geboren haben. Damit meinte man selbstverständlich nicht, daß die Sklaven zeugungs- oder gebärunfähig waren, sondern daß sie herausgebrochen waren aus ihrer Gemeinschaft der Ahnen, lebenden Verwandten und Nachkommen. Auch wenn die besser gestellten Sklaven allmählich zur Familie des Herren gehörten, gehörten sie doch nur als jene dazu, die in Wirklichkeit nicht dazugehörten, die in Wirklichkeit nirgendwohin gehörten. Und wenn galt, daß »ich nur bin, weil wir sind«, dann waren sie niemand, und all ihre Jemandhaftigkeit bestand darin, daß sie niemand waren.

Hierin unterschieden sie sich nicht von denen, die zum Hausrat oder Viehbestand eines Plantagenbesitzers in Maryland, Virginia oder Georgia gerechnet wurden, und die diese Erinnerung daran, niemand zu sein, ihren Kindern und Kindeskindern weitergegeben haben.

Im Fouta Djallon überdauerte die Sklaverei die Kolonialzeit: als Guinea unabhängig wurde, lebten im Fouta noch 200 000, vielleicht gar 300 000 Menschen in irgendeiner Form der Sklaverei.

Und auch danach blieben die sozialen Beziehungen durch das Herren-Sklaven-Verhältnis geprägt.[62]

Die Franzosen hatten für den Ersten Weltkrieg Soldaten in den afrikanischen Kolonien rekrutiert; drei Viertel der tirailleurs waren Sklaven: Sklaven, die sich vom Dienst in der Armee die Befreiung versprechen konnten, Sklaven, von ihren Herren statt der eigenen Söhne den Franzosen überstellt.[63] Von den Vätern der »Rheinlandbastarde« war also manch einer ein westafrikanischer Sklave.

26 Es gibt dieses Foto, wie Bärbel in Coumba Margaya ein Baby auf dem Arm hält, ihr Gesicht strahlend vor Liebe zu diesem etwas mürrisch dreinblickenden Kind: Möglichkeiten, die einander begegnet sind, unerklärlicherweise.

»Die Geburt eines Kindes wird« bei den Fulbe und Bambara »als greifbarer Beweis dafür angesehen, daß sich ein Teilchen des anonymen Daseins abgelöst hat im Hinblick darauf, eine Aufgabe auf unserer Erde zu erfüllen.«[64]

»Manchmal überlege ich,« sagt sie, »was diese Muster, diese Ähnlichkeiten, diese Unterschiede, was das alles bedeuten kann. Daß meine weiße und meine schwarze Großmutter so viele Gemeinsamkeiten hatten. Und diese beiden Großväter, die im Ersten Weltkrieg auf verschiedenen Seiten gekämpft haben. Mein weißer Großvater Feldwebel, als Besatzer in einem fremden Land, der gleiche Dienstgrad, wie ihn mein Vater hatte, aber alles ganz anders ... Beide stolze Soldaten, blinde Patrioten ... Mein weißer Großvater nach dem Ausscheiden aus der Armee in den Staatsdienst übernommen, mein Vater auch ... Mein Großvater hielt die preußischen Tugenden so hoch, und ich heute mit meinem Pflichtgefühl ... Der Geliebte meiner Mutter, der Nazi, hatte ein Hornhautgeschwür, ich hatte ein Hornhautgeschwür, was für Zufälle! Wenn es nur Zufälle sind ... Aber ich denke, daß es mehr ist, daß mir damit eine Aufgabe gestellt ist, die ich erfüllen muß.«

Und sie ergänzt: »Es ist noch gar nicht so lange her, daß ich begriffen habe, daß es nicht nur die eigene Lebensgeschichte ist, die einen prägt. Es gibt andere Lebensgeschichten davor, und es gibt vielleicht Zusammenhänge, die wir nicht kennen, die aber dennoch unseren Lebensweg mitbestimmen, und aus denen unsere Aufgaben herrühren.« Besser könne sie das nicht ausdrücken.

Wie wenig auch das Christentum ihr sagen mochte, der archaischen Macht der Sätze aus dem Alten Testament konnte sie sich nicht entziehen: »Denn ich, der HERR, dein Gott, bin ein eifernder Gott, der die Missetat der Väter heimsucht bis ins dritte oder vierte Glied der Kinder derer, die mich hassen, aber Barmherzigkeit erweist an vielen Tausenden, die mich lieben und meine Gebote halten.«[65] Wenn sie über ihr Leben nachdachte, kam sie immer wieder auf diese Stelle zurück. Aber welche Väter, welche Missetat? Welche Barmherzigkeit?

Im Frühjahr 1991, im Jahr, nachdem sie ihrem Vater zum ersten Mal gegenübergestanden hat, träumte sie einmal, sie sei in Amerika und rühre in einer Casserole weißen Milchbrei. »Wunderschöne gleichförmige Wellen.« Ihr Vater schenke ihr Schokolade, und sie rühre die Schokolade in den Brei, der hellbraun wie eine Karamelcreme wird.

Manchmal seien ihre Träume eben so einfach, sagt sie.

27

Über den östlichen Horizont langten zwei behaarte Tatzen. Dann, unter einer Pelzmütze mit Stern, schob sich ein Augenpaar hoch, böse lauernde Augen.

»Bärbel,« vertraute Uschi ihr an, »bevor der Russe kommt, tu ich es. Ich will wenigstens noch wissen, wie es ist. Bevor der Russe kommt, will ichs wenigstens einmal getrieben haben.«

»Ach was,« meinte Onkel Hugo, als die Sprache auf den Russen kam, »Was soll denn groß anders werden, wenn der Russe kommt? Denkt ihr etwa, der Russe will nicht abends in Ruhe sein Bier trinken und macht nicht beim Kacken die Beine krumm?«

Der Russe kam dann nicht bis Bielefeld, er blieb in Berlin und baute eine Mauer.

Über das Kacken stand nichts im »Einmaleins des guten Tons«, aber was die Beinhaltungen anging, riet es Bärbel eindringlich: »Schlage beim Sitzen nicht die Beine übereinander, besonders wenn du eine Frau bist. Falls du schöne Beine hast, werden sicher die Männer und vielleicht auch du gegen diese Regel protestieren. Aber vielleicht macht es dir die Entsagung leichter, wenn du hörst, daß man von dieser Sitte im Laufe der Zeit dikke Oberschenkel bekommt! Dagegen darfst du als Frau die *Füße* beim Sitzen graziös kreuzen. ... Sitze weder breitbeinig noch mit nach innen gerichteten Fußspitzen oder gar mit auf die Außenkante gestellten Füßen.«

Und auch darüber, wie man was mit wem treiben sollte, hatte das »Einmaleins des guten Tons« eine klare Meinung: »Wie vergnügt und lustig kann man dabei sein, wie viel nachdenkliche, Himmel und Erde bewegende Gespräche führen und sich herrlich streiten, wie viel intensiver ein Konzert, ein Theaterstück oder einen Vortrag zu zweit genießen! Wie viel Freude können gemeinsame Wanderungen oder Sportfahrten machen! Kein vernünftiger Mensch wird die Jugend tadeln, wenn sie auf solchen Grundlagen Freundschaften schließt oder harmlos flirtet. Soweit wäre also alles in Ordnung. Weniger in Ordnung pflegt das zu sein, was man beobachten kann, wenn die eben geschilderten Grenzen überschritten werden: daß nämlich meistens nichts Gutes dabei herauskommt, wenn ein Mädchen „alles weiß und alles kennt. Sicher ist auch, daß der anständige, ritterliche Mann viel mehr Achtung hat vor einem zurückhaltenden als vor einem allzuleicht zu erobernden Mädchen und daß es immer das Mädchen sein wird – Ausnahmen bestätigen nur die Regel –, das so oder so dafür bezahlen muß, wenn einmal die letzte Schranke gefallen ist. Vielleicht ›nur‹ mit einem Fleck auf seiner Ehre oder mit ein paar Sorgenfalten im Gesicht, vielleicht mit mehr.»[66]

So gingen die fünfziger Jahre zu Ende, so fingen die Sechziger an: im Osten lauerte der Russe, um so mehr kam es auf gutes Benehmen an. Die Zeit roch nach Brisk, klebrigen Likören und Bohnerwachs.

Bei den Olympischen Spielen 1960 gewann die Läuferin Wilma Rudolph drei Goldmedaillen (mit Kinderlähmung geboren, hatte sie bis zum zehnten Lebensjahr überhaupt nicht laufen können)[67].

Ein Geschäftsfreund von Onkel Paul wandte sich, nachdem er Bärbels Beine taxiert hatte, an ihre Tante Lieselotte: »Als sie aufstand, dachte ich, Wilma Rudolph steht vor mir!« Er schaffte es fast ohne Mühe, dabei nicht zu hecheln.

Obwohl ja bekanntermaßen alle Schwarzen gute Sportler waren, was mit diesem Blut zusammenhing, von dem ja bekanntermaßen ein Tropfen genügte, und obwohl Bärbel bekanntermaßen Beine wie Wilma Rudolph hatte, war sie in Leichtathletik eine völlige Niete.

Na gut, aber Basketball?

Wenn für Ballspiele die Mannschaften gewählt wurden, nahm man sie als Allerletzte, notgedrungen, einer Mannschaft mußte sie ja Pech bringen. Was will man mit einer, die weder werfen noch fangen kann?

(Ballspiele im Sportunterricht waren eben anders als die Ballspiele mit den Kindern aus der Haller Straße).

Aber eine gute Schwimmerin war sie.

Im siebten Schuljahr saß nach den Osterferien ein neues Mädchen in der Klasse, Franzi; sie hatte das Gymnasium nicht geschafft und würde, obwohl alles andere als dumm, auch in der Realschule eine schlechte Schülerin bleiben und – mit Bärbels Hilfe – immer gerade über die Runden kommen.

Franzi war älter als die anderen, sehr groß und kräftig. Ihr Vater hatte einen kleinen Verlag, der Fotobände herausgab, und was Bärbel im »Einmaleins des guten Tons« las, bestimmte in Franzis Elternhaus den alltäglichen Umgang, es waren eben bessere Leute. Franzi kannte die Regeln des guten Benehmens sehr genau, mochte sie aber meist nicht befolgen; sie wußte Bescheid über klassische Musik und richtige Literatur und auch über einige Dinge, über die ein Mädchen besser nicht Bescheid wissen sollte.

Franzi sah sich ungefähr zwei Wochen unter den Mädchen in der Klasse um, dann entschied sie, daß Bärbel ihre Freundin werden sollte. Wenn Franzi etwas entschied, dann hatte es so zu sein, basta.

Bärbel war überrascht: Gerade Franzi! Gerade dieses wilde, selbstsichere Mädchen, das sich in einer Welt bewegte, die Bärbel nur aus den Büchern kannte, wollte sie zur Freundin haben! Bärbel war zwar bei allen beliebt, sie paßte sich an, schien unkompliziert, aber sie war keiner nah. Wie auch ...

Und jetzt Franzi! Bärbel war glücklich und stolz und wich in den nächsten Jahren nicht mehr von ihrer Seite; Bärbel half Franzi in Mathe, und Franzi half Bärbel, ein Enfant terrible zu werden.

»Franzi hat mir unter Qualen das Rauchen beigebracht. Wir trafen uns vor der Schule, und ich mußte Lungenzüge üben.« Irgendwann ging es, und sie schlichen sich auf dem Schulhof hinter die Baracke oder versteckten sich im Heizungskeller, um sich in eine Verfassung hineinzurauchen, die irgendwie mit Verwegenheit und der Intensität des Erwachsenseins zu tun hatte.

Ein paar Jahre später, in der letzten Klasse, als die beiden wieder einmal den Kunstunterricht schwänzten und sich, nachdem sie beim Bäcker gegenüber Nougatringe gekauft hatten, bei einem Glas heißer Milch, das sie sich gerade noch leisten konnten, und einer Zigarette im Café saßen, kam die Frau des Rektors herein. Sie unterrichtete auch an der Realschule, und wie ihr Mann mochte sie Bärbel besonders.

Sie setzte sich zu den beiden, die irgendwie versuchten, ihre Zigaretten zu verstecken und unschuldig auszusehen, und fragte: »Habt ihr für mich auch eine?«

»Das hat mich sehr beeindruckt«, erzählt Bärbel heute. »Wenn ich später, als ich selbst Lehrerin war, Schüler bei irgendetwas erwischt habe, das verboten war, habe ich mich oft daran erinnert.«

Der Mathelehrer fragte Logarithmen ab, und man mußte für die Antwort aufstehen.

»Logarithmus von dreizehn?«

Franzi, die er aufgerufen hatte, erhob sich würdevoll, hielt die Logarithmentafel wie ein Notenblatt vor sich hin und sang: »Nie sollst du mich befragen ...«

Sie flog aus dem Unterricht. Bärbel prustete vor Lachen und mußte hinterher.

Und wie immer, wenn Franzi etwas anstellte und die Klasse verlassen mußte, und Bärbel das Lachen nicht unterdrücken konnte und als nächste hinausgeschickt wurde, gingen sie nach getaner Arbeit aufs Klo, um in Ruhe eine Zigarette zu rauchen.

In dieser Zeit gab es für Bärbel einen Eintrag im Klassenbuch, getadelt wurde: »... ahmt heimtückisch das Jaulen eines Hundes nach.«

Jetzt, da sie damit nicht mehr allein war, widmete sich Bärbel mit besonderem Eifer ihren Forschungen. Gemeinsam mit Franzi besorgte sie sich Kalium- oder Natriumsilikat, das sie in Wasser auflösten; dann fügten sie rotes Blutlaugensalz oder Kupfersulfat hinzu und sahen sich die bizarren pflanzenähnlichen Gebilde an, die entstanden.

Auch auf dem Gebiet der Lebensmittelchemie wurden bahnbrechende Experimente durchgeführt. Sie ließen geronnene Milch stehen und warteten geduldig ab, was sich entwickelte. Bärbel schaffte sonntags ein Stück von der Obsttorte beiseite und versteckte es im Kleiderschrank, um dort darauf eine Pilzkultur anzulegen.

Sie konnte sich immer auf Franzi verlassen, Franzi hielt zu ihr, unbedingt und ohne Einschränkungen, basta. Vielleicht war es die Gemeinsamkeit derer, die anders waren ...

Als der Deutschlehrer, ergriffen von der eigenen Empfindsamkeit, das Gedicht vortrug, als die Mädchen lachten, und er auf Bärbel zukam und die Hand hob und doch nicht zuschlug, weil er sie beschämen wollte, wie die Mädchen ihn beschämt hatten, »An dir schwarzem Schwein werde ich mir nicht die Finger schmutzig machen!«, als dann Totenstille in der Klasse war, sprang Franzi hoch und baute sich vor ihm auf mit ihren Einsachtzig und ihren breiten Schultern, außer sich vor Wut, schrie ihn an und beschimpfte ihn – und er mußte klein beigeben: er schwieg und drehte sich um, und der Vorfall hatte kein Nachspiel.

Nach der Schulzeit wurden die Erfahrungen, die sie miteinander teilen konnten, seltener. An manchen Abenden trank Franzi, bis die Konventionen im Rausch untergingen, während sie sich tagsüber, weil ihr nichts Besseres einfiel, im Verlag ihres Vaters langweilte, und Bärbel verschwand in einer Lehrstelle und später in einer Ehe mit einem Jungen, den Franzi nicht ausstehen konnte.

Sie würden sich in Bremen wiedertreffen und noch einmal aus den Augen verlieren, und viel später, als Bärbel schon Lehrerin in Gelsenkirchen war, gab es ein paar neue Versuche am Telefon, aber inzwischen waren sie einander fremd.

»Ich trinke noch immer zu viel und bin noch immer zu fett«, lachte es vertraut aus dem Hörer, aber Franzi war inzwischen verheiratet, las die »Welt« und machte, wie man es in ihrer Familie immer schon gemacht hatte, ihr Kreuzchen bei der CDU.

Und wo sind die Pläne aufbewahrt, die wir hatten, wo die Erkennungszeichen unserer kleinen Verschwörungen? In welchen Text sind die Geheimnisse eingewebt, die wir miteinander (und nur miteinander!) geteilt haben? Wo sind die Begegnungen erinnert, in denen wir entdeckt haben, wer wir auch sind? Und wo die Erfahrungen von Solidarität?

Niemand ist privat, jeder ist auch all die anderen, aber jeder ist all die anderen auf seine einmalige Weise. Manche Geschichten können nicht erzählt werden, manche sollen nicht erzählt werden, manche gehen keinen etwas an.

28 Bei den A-Werken, wo Bärbel nach der Realschule – weiter zur Schule gehen, dafür haben wir kein Geld, und du bist doch ein Mädchen – eine Lehre als Biologielaborantin begann, wurden die Lehrlinge von vornherein auf die Regeln des guten Benehmens hingewiesen: »Wir sind ein Familienbetrieb mit langer Tradition. Es hat sich für unsere Betriebsangehörigen bisher niemals als nötig erwiesen, und es wird auch in Zukunft nicht nötig sein, daß sie einer Gewerkschaft beitreten. Das gilt also auch für Sie, meine Damen und Herren.«

Der Firmenleiter war mit der Pianistin Elly Ney befreundet, und es lag ihm am Herzen, das kulturelle Niveau der Belegschaft zu heben. Wenn Elly Ney in der Kantine auftrat, mochte sie sich an ihre große, an die bessere Zeit erinnern: die Gesichter der jungen Männer – ein vollzähliges Erscheinen der Lehrlinge wurde erwartet –, waren sie nicht edel und rein, drückten sie nicht den gleichen der nordischen Rasse noch vor jeder geistigen Formung eigenen Sinn für das Ursprüngliche, Echte aus wie Jahre zuvor die Gesichter der jungen SS-Männer? In den unverbildeten, kernigen Gesichtern der Mädel, sah man da nicht schon ahnungsvoll die Schönheit deutscher Mutterschaft aufleuchten? Das rassisch Wertvolle, das Starke, in dessen Dienst sie ihre Kunst schon immer gestellt hatte, es lebte noch, deutsches Blut würde auf ewig in deutschen Adern pulsen, diese jungen Gesichter, das war die Hoffnung, daß wieder eine andere, bessere Zeit kommen würde. Und immerhin, sie mußte nicht mehr befürchten, daß auch nur ein Jude noch unter den Zuhörern säße, wenigstens in dieser Hinsicht hatte der Führer sein großes Werk vollenden können. Wie schade, wie unendlich schade, daß sie nie für den Führer allein hatte spielen dürfen, nur für ihn allein ...[68] (Wenn sie mit ihren alten Augen Bärbels

ca. 1949

Henriette Hilbert, Georg Hilbert, Lieselotte und Ilse

John Ballinger als Soldat
(ca. 1945)

Ilse und Lieselotte als
junge Frauen (ca. 1946)

Der erste Schultag, 1952

In der Klasse von Frau Gehrmann

Bärbel mit ihren Cousinen Ille und Uschi

◂ Onkel Hugo, ca. 1953

ca. 1955

1960

1962

1962

Hochzeit mit Peter Kampmann, 1966

▲ Mit ihrer Mutter, 1973
▼ Ihre Lehrlinge

▲ Nach einem Workshop für Schwarze Deutsche
▼ Bei den Gelsenkirchener Tagen gegen Rassismus 1993

Die Pensionierung ihres Vaters

Der erste Besuch bei ihrem Vater, 1990

1990

In Coumba Margaya 1994 (rechts: Jean-Claude Diallo)

Die Kindern von Coumba Margaya

In Coumba Margaya

1998 *(© Foto: Sao Tanner)*

dunkles Gesicht unter den Zuhörern erkennen konnte, was dachte sie?)

Beim Werkschutz waren nur Nazis beschäftigt, dessen Leiter hielt für seine Untergebenen Feierstunden zu Führers Geburtstag ab. Dem Ausbilder für Labortechnik sagte man nach, er habe daheim Hitlerbilder aufgehängt.

Die älteren Laboranten machten harmlose kleine Späße mit den Lehrlingen. Einer von ihnen hielt beispielsweise einem der Mädchen, nachdem ihre Lunge bei der Eingangsuntersuchung von der Ärztin der Werksfürsorge geröntgt worden war, das Röntgenbild einer Hundelunge aus den Krebsversuchen unter die Nase und erklärte: »Sieh mal, das ist deine Lunge. Völlig verkrebst. Hast wohl nicht mehr lange zu leben.« Das Mädchen glaubte ihm sogar.

Es wurden insgesamt zuwenig Biologielaboranten ausgebildet, als daß es sich gelohnt hätte, für sie eine eigene Berufschulklasse einzurichten. So wurden sie für Mathematik und Staatsbürgerkunde mit den Lacklaboranten zusammengefaßt, und der Unterricht in den spezielleren Fächern, Labortechnik, Pharmakologie, organischer und anorganischer Chemie, Tierhaltung und Tierschutz fand betriebsintern statt. Nach jeder schriftlichen Arbeit wurden alle Lehrlinge versammelt, der Ausbilder las laut und vergnügt die Noten vor, und diejenigen, die eine schlechte Note hatten, kanzelte er vor den anderen ab.

Bärbel hatte in dieser Zeit solche Angst, daß sie nicht mehr sprechen konnte, wenn sich bestimmte Vorgesetzte im Raum aufhielten.

Natürlich gab es auch hier Ausnahmen, den Pharmakologen etwa, der Bärbel zu seiner rechten Hand machte: sie durfte die Lochkarten für ihn lochen, und er gewährte ihr das besondere Privileg, ihm mittags sein Mittagessen aufzuwärmen. Er fragte sie sogar in manchen Dingen nach ihrer Meinung. Sie nutzte diese Sonderrolle aus, um dann und wann ein gutes Wort für einen Mitlehrling einzulegen.

»Es ist mir immer wieder im Leben passiert.« sagt sie. »Manche Leute lehnten mich entschieden ab, einfach so, ohne daß ich irgendetwas getan hatte, aber es gab auch immer wieder diese anderen, die anscheinend genauso grundlos ein besonderes Faible für mich hatten. Noch als ich dreißig war, konnte ich mir überhaupt keinen Reim darauf machen, es kam mir zufällig vor, wie mir diese heftige Zuneigung oder Abneigung entgegenschlug. Erst ganz langsam habe ich begriffen, daß beides mit meiner Hautfarbe zusammenhing, und richtig klar geworden ist es mir erst, als ich mich mit Rassismus theoretisch beschäftigt habe. Sowohl in der Abneigung drückt sich der Rassismus aus, die eigene Vergangenheit im Nationalsozialismus vielleicht oder die der Eltern, wie auch in der Zuneigung: man will etwas wieder gut machen, besonders gut, man will Schuld abarbeiten ...«

Die Ausbildung als Biologielaborantin hatte Bärbel angefangen, weil ein Mädchen keine Lehrstelle als Chemielaborantin bekam, und weil sie Tiere gern hatte.

Biologielaboranten führen Tierversuche durch: unzählige Mäuse, Ratten, Meerschweinchen, auch Katzen, Hunde ... die süßen Hündchen ...

Als eine Versuchsreihe über Cytostatika lief, wurde eine Dänische Dogge ins Labor gebracht, ein schönes riesiges Tier, das Krebs hatte. Weil der Besitzer, der hoffte, daß man sie noch retten könnte, reich war, ging es der Dogge besser als den anderen Hunden, man behandelte sie sozusagen als Privatpatient.

Bärbel schloß die Dogge in ihr Herz, streichelte sie, sprach mit ihr, tröstete sie, weil sie offensichtlich starke Schmerzen hatte, wünschte sich ein Wunder. Aber das Tier verfiel zusehends, die Metastasen wucherten und fraßen das Leben. Schließlich konnte die Dogge nicht mehr stehen, und Bärbel legte sich neben sie, um ihr etwas mit der Pipette einzuflößen. Wie einen die Hunde ansehen können!

Am Ende mußte die Dogge eingeschläfert werden, und es hieß: »Alle Lehrlinge heute um 14 Uhr in den Sektionsraum!«

Bärbel, die wußte, was kam, lief in der Mittagspause zum

Bahndamm, kauerte sich hin und heulte während der ganzen Pause. Die Lehre abbrechen? Das war undenkbar, da hätte sie nicht mehr nach Hause gekonnt. Aber was dann? Das hielt man nicht aus, man hielt das nicht aus! Keinen Tag länger hielt man das aus! Sie schluchzte. Sie zog die Schultern hoch, wie sie es inzwischen so oft tat, sie spannte die Muskeln an, bis sie steinhart wurden. Sie mußte anders werden, man mußte sich anpassen, was blieb einem übrig. Sie durfte das alles nicht länger an sich heranlassen, sonst könnte sie in dem Beruf nicht überleben, sie mußte das alles von sich schieben, man durfte nichts spüren, wie man so oft nichts spüren durfte.

Nach der Mittagspause lag die geliebte Dogge auf dem Sektionstisch, der Bauch wurde geöffnet. Später entwickelte Bärbel eine Tierhaarallergie.

29

»Quält dich in tiefster Brust
das harte Wort: Du mußt!,
dann macht nur eins dich still:
das süße Wort: Ich will!«

Das war eine der Lebensregeln, die die Großmutter ihr beibrachte: die Kleine sollte sich im Leben zurechtfinden.

Sie lebte es der Kleinen selbst vor: bis auf ein paar bescheidene Vergnügen, kleine Laster wie die Liebe zum Bohnenkaffee (Bärbel war in gewisser Hinsicht ein Kind dieser Liebe), wünschte sie nichts für sich selbst, immer ging die Familie für sie vor, die Kinder mußte man großbekommen, später Bärbel, das Enkelkind, ach Gott, ausruhen kann man sich noch lange genug, wenn man erst einmal tot ist.

Wenn Bärbel, schon fast erwachsen, spät in der Nacht nach Hause kam, wartete ihre Großmutter auf sie und fragte ganz selbstverständlich: »Hast du noch Hunger, Kind? Soll ich dir ein Spiegelei braten?«

Bärbel erinnert sich an die Adventszeit mit den Weihnachtsvorbereitungen.

Ab Anfang November wurde gebacken: Spritzgebäck, Honigkuchen, Basler Lebkuchen, immer sechs, sieben Arten von Gebäck. Nachmittags, wenn Bärbel ihre Schularbeiten am Küchentisch erledigt und die Hefte weggeräumt hatte, durfte sie gemeinsam mit der Großmutter den Teig ausrollen und die Plätzchen ausstechen. Nebenbei sprachen sie über dies und das; als Kind liebte Bärbel diese Nachmittage, an denen ihre Mitarbeit wichtig war und sie ihrer Großmutter zusehen konnte, an denen das, was sie zu sagen hatte, von Bedeutung war, und sie ihrer Großmutter zuhören konnte.

Dann wurden die Heringe eingelegt, der geräucherte Aal aufgehängt, Rotkohl vorbereitet, wurde Sülze gekocht, das fand Bärbel ekelig, die Pfoten, die Schweineohren, aber es schmeckte herrlich, später, wenn es fertig war.

Zum Fest gab es meist eine Gans, auch schon mal irgendwoher ein Kaninchen, und einmal einen Fasan. Dem Rupfen und Ausnehmen sah Bärbel mit großem Interesse zu: wie geschickt die Großmutter das machte, nicht ein einziges Mal verletzte sie dabei die Gallenblase. Sonst wäre nämlich die Gänseleber ungenießbar gewesen, und die bekam Bärbel schließlich gebraten, mit einem Brötchen.

Zur Einkochzeit mußten alle mithelfen, die gerade da waren.

(Bärbels und Uschis ärgste Feinde waren die Schnittbohnen.)

»Meine Großmutter hatte ihre Aufgabe im Leben und war damit fraglos einverstanden. Sie haderte nicht und wäre nie auf den Gedanken gekommen, es anders zu wollen, sie war in sich selbst gefestigt. Sie hielt die Familie zusammen, versorgte die Kinder, wusch, bügelte, stopfte die Socken, kochte, der Mann bekam das Stück Fleisch, so war das eben. Ich habe sie bewundert. Ich wollte so wie sie werden, wollte eine große Familie mit vielen Kindern haben. Fünf Jungen und ein Mädchen sollten es sein. Sogar die Berufe, die die Jungen später ergreifen sollten, standen für mich schon fest: Kinderarzt, Landarzt, Pfarrer, Ingenieur, Schriftsteller.«

»Und das Mädchen?«

Sie spielt, daß sie kleinlaut sei, weil man sie erwischt habe: »Dafür hatte ich nichts vorgesehen.« Dann lacht sie und meint: »Ich habe später begriffen, daß ich in dieser Familie ja die überforderte Mutter wäre, nicht eins der vielen Kinder, für die immer gesorgt wäre. Der eigentliche Wunsch, der dahinterstand, war nämlich, glaube ich, daß ich Geschwister haben wollte, viele Geschwister, mit denen ich meine Erfahrungen hätte teilen können, meine Geschichten. Ich war ja so isoliert damals: so viel ich weiß, das einzige schwarze Kind in Bielefeld zu der Zeit. Ich habe mir so sehr andere gewünscht, die so wie ich wären.«

»Aber du hattest doch Uschi, du bist doch mit ihr großgeworden wie mit einer Schwester.«

»Ja sicher,« entgegnet sie, »aber das war doch etwas anders.«

Natürlich war das etwas anderes: die Hautfarbe. Ein großer schwarzer Bruder zum Beispiel, der die anderen Kinder verprügelt hätte!

»Na ja, vielleicht idealisiere ich das auch, Geschwister zu haben ... die perfekte Familie, so wie die Cosby-Familie ...«

30 Theodor Wonja Michael referiert, was ihm ein von ihm befragter Lehrer gesagt hatte: »In der Berufsfrage sieht Lehrer A einige Schwierigkeiten. Die Mischlingskinder könnten wohl Berufe ergreifen, es kämen aber wohl nur solche in Frage, die nicht exponiert sind. Wegen der Kundschaft käme z. B. die Tätigkeit als Verkäufer oder ein ähnliches nicht in Frage. Er meint, daß die Kinder in kleineren Betrieben größere Möglichkeiten haben als in großen. Die Heiratsaussichten werden sehr negativ beurteilt. Die Mischlinge haben nur die Möglichkeit, untereinander zu heiraten, weniger mit der übrigen Bevölkerung. Er begründet das mit der allgemeinen Ablehnung der dunklen Hautfarbe und des fremden Typus.«[69]

Das war es eben. In Bielefeld gab es außer Bärbel nur die übrige Bevölkerung. Fünf Jungen und ein Mädchen, schön und gut, aber wer aus der übrigen Bevölkerung würde einen nehmen? Sie zog die Schultern hoch, spannte die Muskeln an, bis sie steinhart wurden. Der Pullover hatte einen Rollkragen, und die Hände verschwanden in den Ärmeln.

»Das ist richtig, daß Sie einen Beruf lernen, Fräulein W,« wollte ein Ausbilder ihr einen Rat fürs Leben mitgeben, »Sie müssen zusehen, daß Sie in der Lage sind, sich allein durchzuschlagen. Sie können sich nicht darauf verlassen, daß einer kommt, der Sie ernähren wird ...« Was er meinte, war klar: die allgemeine Ablehnung der dunklen Hautfarbe und des fremden Typus.

Sicher, es gab Jungs, die sie so ansahen, daß sie nervös wurde, aber was waren das für Blicke? »... was man beobachten kann, wenn die eben geschilderten Grenzen überschritten werden: daß nämlich meistens nichts Gutes dabei herauskommt ...« hieß es im »Einmaleins des guten Tons«. Es bestand also für jede eine gewisse Gefahr, daß nichts Gutes herauskäme, wenn Jungs sie ansahen, aber je mehr Hautfarbe und Typus man hatte, desto weniger Gutes käme heraus. Das stand fest, aber dennoch durfte Bärbel es nicht so recht wissen, sie durfte es eigentlich nur ahnen. Aber ahnen mußte sie es ganz genau: daß sie an den Dschungel dachten, an den Geruch des sumpfigen Bodens, an dunkelrote Blüten und grünschillernde Riesenschlangen, an nackte braune Körper bei den Wasserfällen, daß sie meinten, man sei wild wie der Vater und eine Schlampe wie die Mutter, daß sie also ein schwarzes Mädchen, mehr noch als jedes weiße, zugleich begehrten und verachteten.

Theodor Wonja Michael hatte auch mit einer Fürsorgerin gesprochen: »Die gesunden Kinder (nicht im medizinischen Sinne) werden sich im allgemeinen ohne größere Schwierigkeiten in die Gesellschaft einfügen lassen. Sie werden sich in der Schule und im Beruf durchsetzen. Bei den anderen Kindern werden natürlich einige Schwierigkeiten auftreten. Bei sehr ungesunden Verhältnissen ist bei den Knaben die Gefahr eines Abrutschens in die Kriminalität und bei den Mädchen in die Prostitution gegeben. Wir werden alles versuchen, um das zu verhindern.«[70] Also, wer aus der übrigen Bevölkerung würde einen nehmen, trotz Hautfarbe und Typus? Ach, man konnte sich ja immer noch der Wissenschaft hingeben, dem Fortschritt der Menschheit dienen, wie Madame Curie.

Aber realistisch betrachtet würde man es auch als Madame Curie schwerer haben wegen Hautfarbe und Typus, also hieß es, dreimal, nein, lieber viermal besser zu sein als die übrige Bevölkerung.

(Auf lange Sicht wurde Bärbel das auch.)

Als Kind hatten ihre Mutter und ihre Großmutter ihre Haut mit Drula Bleichwachs und 0,2%gem Wasserstoffsuperoxyd bearbeitet, damit sie heller würde, mit zweifelhaftem Erfolg.

Jetzt, an der Schwelle zum Erwachsenwerden, begann sie, selbst Verantwortung für sich zu übernehmen, und machte sich daran, das Problem wenn schon nicht mit Haut, dann doch wenigstens mit Haaren zu beseitigen. Verwechslungen mit irgendwelchen Pudeln sollten für alle Zukunft ausgeschlossen sein.

Schon ihre Großmutter hatte, wenn sie versuchte, Bärbel zu bürsten und zu kämmen, und Bärbel lautstark dagegen protestierte, gesagt: »Sei still, Kind, man muß doch einen Sinn in deine Haare bringen!«

Also Lockenstab, Flüssigkeiten, Sprays, jedes Gebräu, dessen Werbung Abhilfe versprach: während andere Mädchen sich verzweifelt bemühten, die dünnen blaßgelben Fäden auf ihren Köpfen in kaum zu bändigende Mähnen zu verzaubern und Uschi wer weiß was für Bärbels Locken gegeben hätte (Uschi, hinter der doch alle Jungs her waren, und für Bärbel selbst fiel keiner ab!), versuchte Bärbel alles nur Denkbare, um aus ihrer Mähne eine Art verstreichbarer Paste zu machen, die sich in jede gewünschte Form modellieren ließe.

Sie war glücklich, wenn es ihr vorübergehend gelang, und ihr Gesicht wurde dunkelgrau wie die Wolken am Himmel, wenn sie sah, es würde Regen geben: nach dem Gang durch den Regen sähe es auf ihrem Kopf wieder genauso sinnlos aus wie zuvor.

Aber sie gab nicht auf. Wenn sie es nach einer gewissen Zeit geschafft hatte, ihre Haare so weit zu ruinieren, daß sie in kleinen Stückchen abbrachen, ließ sie sie ganz kurz schneiden, um mit ihren Bemühungen fortzufahren, sobald die Haare wieder eine entsprechende Länge erreicht hatten.

Sie beneidete ihre Freundin Ilse. Die war so, wie eine junge Frau zu sein hatte: schlank, blond, intelligent, charmant, bei allen beliebt; sie hatte einen Freund, der lebte in Perpignan und war sehr kultiviert und schrieb ihr täglich einen sehr kultivierten Brief, den sie jeweils ihrerseits mit einigen sehr kultivierten Zeilen beantwortete, daran konnte man sehen, wie groß die Liebe zwischen den beiden sein mußte, ach die Liebe!

Daß die ganze Kultiviertheit Theater sein konnte und die Liebe, ach die Liebe, nur eine Inszenierung, daß Beliebtheit der Einsamkeit fast gleichen konnte, daß die Figur vielleicht zurechtgehungert war – schließlich wußte ja auch Ilse, wie eine junge Frau zu sein hatte, und gab sich dementsprechend Mühe –, daß der Freund sich in der späteren Ehe als extrem egozentrisch erweisen würde ...

(Aber immerhin hat die Freundschaft zwischen Bärbel und Ilse Neid, Kultiviertheit, Ehe, die verschiedenen Labors, manchen Aufbruch und manche Enttäuschung bis heute überlebt.)

Fünf Jungen und ein Mädchen, schön und gut, aber wer aus der übrigen Bevölkerung würde einen nehmen? War eine der Laborantinnen siebenundzwanzig oder achtundzwanzig und noch nicht verheiratet, galt sie als alte Jungfer. Die Leute tuschelten und machten Witze.

Schließlich fand sich einer. Der war zwar nicht der, der er besser gewesen wäre, aber er war immerhin einer.

Bärbel gewann wieder einmal eine Schlacht gegen ihre Haare.

Mit Pumps an den Füßen, in ein Kostüm gezwängt und mit einem Blumenstrauß versehen, stand sie da und ahnte sehr genau: er war zwar einer, aber bestimmt kein richtiger. Aber wie sonst? Fünf Jungen und ein Mädchen mußten ja irgendwoher kommen. Und wie hieß es im »Einmaleins des guten Tons«: »Eine Ehe führen heißt nun einmal Opfer bringen, sich beherrschen, ein gutes Beispiel geben und auch wieder verzichten. Denn nur Backfische glauben, daß die Ehe ein Paradies sei. Wie weit sie sich diesem Paradies nähert, liegt allerdings in unserer Hand und an unserem Benehmen.«[71] Also machte sie eine Miene zum Spiel, keine gute Miene zu einem nicht wirklich bösen, sondern nur falschen Spiel.

Sie ahnte sehr genau: Es war nicht nur dieser Junge, den seine Mutter für diesen Festtag adrett gemacht hatte und der sich bestimmt vorgenommen hatte, seine Rolle als Ehemann gut zu spielen, eine eklatante Fehlbesetzung, nein, das ganze Drehbuch war ausgesprochen schlecht. Sie war nicht Doris Day, er war nicht Cary Grant, es würde sich bald herausstellen, daß der Film nicht jugendfrei war und daß der Stolz seiner Mutter in mancher schlüpfrigen Szene auftrat.

Irgendwann würde Bärbel einsehen, daß sie diesen Film, in dem sie Darstellerin sein sollte, aber schließlich nur Zuschauerin war, der es um das Eintrittsgeld leid tat, nicht bis zum Nachspann sehen mußte. Dann würde sie noch eine ganze Zeit zögern, weil es ihr peinlich war, einfach aufzustehen und sich aus der Sitzreihe zwischen den anderen Zuschauern herauszudrängen und das Zischeln und die halblauten Kommentare derer zu hören, die sich gestört fühlten. Aber schließlich ging sie doch.

Den Namen allerdings behielt sie, denn für Peter Kampmann hatte sie sich immerhin selbst entschieden, während man sie der Adoption durch Ewald W. unterworfen hatte.

31 1965, ein Jahr vor der Heirat, Bärbel war im letzten Lehrjahr, fuhr die Großmutter für ein Jahr nach Amerika, um ihre Geschwister noch einmal zu besuchen.

Die alte Frau hatte bis dahin in einer kleinen Welt gelebt: Otterndorf, die Eltern, die Geschwister, die Arbeit in der Fleischhalle, Bielefeld, die eigene Familie, der Ehemann, die Kinder, Enkelkinder – und eben dieses besondere Enkelkind –, der Haushalt. Nur in den Kriegen war die große Welt über diese kleine Welt hergefallen, aber was sollte man klagen?

Jetzt begab sie sich allein auf eine vierzehntägige Seereise, das Schiff hieß »Bremen« und ging nach New York. Tante Anni, die Lieblingsschwester, bezahlte die Überfahrt.

Beim Abschied heulte Bärbel und heulte und heulte, bis Onkel Hugo ihr versprach: »Paß auf, wenn es hier irgendwelche Probleme gibt, fliegen wir einfach rüber und holen die Oma sofort zurück.« Das war ein bißchen wie früher, drinnen war es sicher, und wenns hart auf hart käme, würde E. A. Staatenlos Bucceroni, dem braunen Bomber, schon beispringen.

Nach einem kurzen Aufenthalt bei Onkel Adolf in Brooklyn verbrachte Bärbels Großmutter die meiste Zeit bei Tante Anni im Süden.

Tante Anni hatte die Großmutter einmal besucht, als Bärbel noch nicht zur Schule ging. Das war die Zeit, als die Familie es mit ihr auf bayrische Weise versuchte: über die braunen Waden zog man Kniestrümpfe mit Troddeln, und wenn der Hals auch unverändert braun blieb, so hatte das Lodenmäntelchen doch wenigstens kleine Eichenblätter aus Horn am Kragen, und auf die krausen Haare, die einfach nicht wunderbarerweise erblonden wollten, wurde ein Tirolerhut mit Feder gestülpt.

Anders als diese Sonntagskostümierung waren die Lederhosen, die Uschi und sie von Frühjahr bis Herbst an den normalen Tagen trugen, wenn sie losziehen durften, etwas Wunderbares. Sie mußten sich nie Sorgen über Schotter oder rostige Nägel und die Folgen machen, und wenn sie an einem Sommerabend müde und hungrig nach Hause kamen und bloß noch ein Butterbrot und ihre Ruhe wollten, verwickelte sie niemand in schwierige Gespräche über die schlechten Zeiten und die Preise von Kinderkleidung.

Tante Anni jedenfalls fand Bärbel im Dirndlkleidchen allerliebst und schenkte ihr kleine Ohrringe mit Rubinen. Die Ohrläppchen entzündeten sich, die Scheiben, mit denen die Ohrringe befestigt waren, wuchsen ein.

»Wo hast du denn die Scheiben von den Ohrringen gelassen?«

»Die sind noch da drin.«

»Ach was!« Man lachte.

Später mußten diese Scheiben herausoperiert werden, und das war wieder ein Anlaß zum Lachen: da hatte das Kind doch tatsächlich recht gehabt!

Sobald man über etwas herzlich lachen konnte, galten eben andere Regeln.

Daheim hatte Tante Anni einen Hund und einen Papagei. Der Papagei konnte Tante Annis Stimme täuschend ähnlich imitieren und war eifersüchtig auf den Hund, mit dem er Tante Annis Liebe teilen mußte.

(»Eifersucht ist eine Leidenschaft, die mit Eifer sucht, was Leiden schafft«, pflegte Bärbels Großmutter zu sagen.)

Der Papagei rief den Hund mit Tante Annis zuckersüßester Stimme zu sich, und wenn der herbeikam und versuchte, seine Schnauze zwischen die Käfigstäbe zu zwängen, hackte ihn der Papagei in die Nase. Der Hund rannte jaulend weg und fiel beim nächsten Mal wieder darauf herein.

Tante Anni deckte sich bei ihrem Besuch mit sündhaft teuren Hummelfigürchen als Andenken ein und fuhr zurück zu ihrem Mann. Der hieß Bill, war Starkstromelektriker und konnte »die Neger nicht leiden«, wie man in der Familie erzählte; das war aber in den Südstaaten so üblich und nicht weiter der Rede wert.

Wie ihr Mann wäre Anni natürlich nie auf die Idee gekommen, sich auf eine der Parkbänke zu setzen, die »für Farbige« reserviert waren, da konnte man sich ja wer weiß was holen! Und wehe, einer von denen hätte sich auf eine Bank für Weiße gesetzt!

So war das eben.

Auch Onkel Adolf hatte die Großmutter besucht, das mußte ungefähr 1953 gewesen sein. Er hatte Freddie mitgebracht, seinen Sohn; der war ungefähr zwei Jahre jünger als Bärbel und schenkte ihr sofort sein Herz, auch wenn er kein Wort von dem verstand, was sie zu ihm sagte. Sogar nachts schlief er mit ihr in einem der Betten, in das zwei Kinder bequem hineinpaßten.

Freddie hatte Heimweh nach Coca Cola. Er quengelte und jammerte und schrie, bis Onkel Adolf schließlich nach Brackwede loszog. Er kam mit dem Unerhörten zurück: mit einem roten Karton mit sechs unglaublich schönen Coca-Cola-Flaschen aus der anderen Welt.

Auf Erden gab es gutes Fleisch nur sonntags oder wenn Bärbels Mutter ihr Gehalt bekam, ansonsten schwammen zweifelhafte Schweinepfoten in der Erbsensuppe, und aus dem Sauerkrauteintopf nahm man das Bauchfleisch heraus, um es auf Schwarzbrot zu essen (was übrigens ganz gut schmeckte). Wenn die Kinder Durst hatten, wurde auf Erden ein Brocken Lakritz in Wasser aufgelöst, das schmeckte auch und löschte den Durst.

Und jetzt waren gekommen die Boten, mit Macht zu künden die neue Zeit: die Coca-Cola-Flaschen im roten Karton. Mit den Schirmmützen mit dem Aufdruck »Coca Cola«, die Onkel Adolf auch mitbrachte, liefen die Kinder von nun an herum, als seien sie dadurch als Bürger des künftigen Reiches ausgewiesen.

Irgendjemand muß der Großmutter doch erklärt haben, was es auf sich hatte mit den Bildern, die man jetzt so oft sah, Polizisten mit Sonnenbrillen und Schlagstöcken, Wasserwerfer, Schäferhunde, die auf Menschen gehetzt wurden, die eine Haut hatten wie ihre Bärbel daheim. Was sagte Anni, ihre Lieblingsschwester?

Newsweek berichtete am 26. 9. 1966 über Vorfälle in Grenada, Mississippi: »Bei Schulanfang sollten zum erstenmal 150 Negerschüler die bislang nur weiße Schule besuchen. ... Als die vierzehnjährige Emerald Cunningham mit ihren Schulbüchern unter dem Arm zur Schule hinkte, kam einer der Männer auf sie zu und schlug sie mit einer Eisenstange auf das Bein. Emerald berichtete später: „Ich habe Polio gehabt und konnte nicht rennen. Ein Mann stieß mich in einen Hinterhof und hielt mir eine Pistole an den Kopf. Ich konnte nur noch zu Gott beten. Dann kamen noch etwa 14 andere Männer und schlugen auf mich ein ... Einem Negerkind wurde von einem weißen Mann das Bein gebrochen, und als es auf dem Bürgersteig niedersank, wurde ihm zugerufen: ›Das geschieht dir recht, du Nigger.‹ ... Die Polizei stand dabei, ohne einzugreifen. Keine Verhaftungen wurden vorgenommen. Der Polizeisheriff von Grenada war selbst Augenzeuge, als ein zwanzigjähriger Weißer einen kleinen Negerjungen, der zehn Jahre alt war, angriff und zu Boden schlug. Vier Männer kamen noch dazu, die mithalfen, das Kind zu verprügeln. Der Sheriff schaute zu und ging dann fort, ohne ein Wort zu sagen.»[72]Die Kinder hatten eine Haut wie ihre Bärbel daheim.

Bärbel würde nach der Lehre wohl Peter heiraten, das war absehbar.

Zu dieser Zeit standen in Alabama, Arkansas, Delaware, Florida (dort lebte Tante Anni), in Georgia, Indiana, Kentucky, Louisiana, Maryland, Mississippi, Missouri, North Carolina, Oklahoma, South Carolina, Tennessee, Texas, Virginia, West Virginia und Wyoming sogenannte Mischehen unter Strafandrohung (Geldbußen oder Gefängnis).[73]

Dr. Vogelsang unterrichtete die Lehrlinge, also auch Bärbel und Peter, in Chemie.

Er erzählte, er sei hinter den Linien von seiner Einheit abgeschnitten gewesen, als ein Geschoß ihm den Arm zerfetzt habe. Wohl wissend, daß er Wundbrand bekommen würde, und das hätte den Tod bedeutet, habe er sich den Arm abgesägt und den Stumpf abgeflämmt. Die Geschichte erschien nicht ganz logisch, aber es war seine Geschichte. Die Kollegen wußten zu berichten, sein Kind sei, als es noch ganz klein war, an Leukämie gestorben. Hats schwer im Leben, sagte man über ihn.

Peter stand schlecht in Chemie.

»Herr Dr. Vogelsang, ich möchte gern dem Herrn Kampmann in Chemie helfen.«

»Warum?« fragte Dr. Vogelsang, der genug Arm und Kind verloren hatte, um Bescheid zu wissen. »Was wollen Sie denn mit diesem Windhund?«

»Weil ich ihn liebe!« platzte Bärbel heraus.

»Ach, Liebe ...« In seinem Tonfall mischte sich amüsierte Verachtung, die Peter Kampmann galt, dem Windhund, mit besorgter Wärme, die Bärbel galt, die es im Leben wohl ähnlich schwer hatte wie Dr. Vogelsang selbst. »Was wissen Sie denn schon von Liebe? Sie sind doch noch so jung, sie werden sich noch wundern, wen Sie im Leben noch alles lieben werden.«

Er meinte es gut, aber Bärbel hörte nur Zynismus. Das Gespräch endete mit der üblichen Aufforderung, sie solle doch die Finger von den Männern lassen, sie sei doch intelligent, habe das Zeug, um zu studieren, sie solle doch aus ihrem Leben etwas machen.

Auch wenn sie genau ahnte, daß Dr. Vogelsang recht hatte, wissen wollte sie es nicht, und sie verbiß sich mit der ganzen Kraft ihrer neunzehn Jahre: echte Gefühle, wahre Liebe. Was wissen die anderen schon.

32

Peter verließ die A-Werke und wurde Pharmareferent. Er wurde also Vertreter wie schon sein Vater, der allerdings vertrat Miederwaren.

Peters erster Bezirk im Außendienst war Bremen, also zog das junge Paar nach Bremen.

Mittags hatte Peter seine Ärztebesuche hinter sich gebracht, der Arbeitstag war zuende, schön, endlich Feierabend. Haushalt war Frauensache, also blieb das Frühstücksgeschirr auf dem

Tisch, bis Bärbel abends nach Hause kam. Peter mußte enttäuscht feststellen, daß seine Frau nicht einmal kochen konnte. Ihre Kartoffelknödel warf er an die Küchenfliesen, da blieben sie kleben.

Bärbel hatte eine Stelle in einer Firma gefunden, die Gesundheitstees herstellte. Sie arbeitete in der Gütekontrolle, das war anstrengend und langweilig: trockene Blätter zählen, Bestandteile bestimmen, das Mischungsverhältnis überprüfen. Morgens um fünf mußte sie aus dem Haus, fuhr mit Bus und Straßenbahn ans andere Ende von Bremen, eine Entfernung von knapp fünfzig Kilometern, abends um sieben war sie wieder daheim, dann versuchte sie, etwas zu kochen, was zunächst ständig mißlang, hörte sich die sarkastischen Kommentare ihres Mannes an, machte die Hausarbeit und verkroch sich ins Bett, hundemüde.

Am nächsten Morgen um fünf mußte sie aus dem Haus, fuhr mit Bus und Straßenbahn ans andere Ende von Bremen ... Am nächsten Morgen um fünf mußte sie aus dem Haus, fuhr mit Bus und Straßenbahn ... Am nächsten Morgen um fünf mußte sie ... Am nächsten Morgen um fünf ... Das Leben war langweilig. Sollte das von jetzt ab immer so weitergehen? War das die Ehe?

»Es war alles ziemlich jung, ich war zwanzig, Peter zweiundzwanzig.« Sie hatte Heimweh, sehnte sich nach ihrer Großmutter. Wenn sie abends im Bett lag, hörte sie beim Einschlafen die Nebelhörner der Schiffe, sie klangen nach Sehnsucht und zugleich schon nach Erfüllung, sie hatte Heimweh und war im Heimweh daheim.

Am nächsten Morgen um fünf mußte sie ... Das Leben war langweilig, es blieb langweilig. Grete Willinsky hatte dieses großartige Kochbuch geschrieben, deswegen warf Peter nicht mehr mit Nahrungsmitteln, und die sarkastischen Kommentare wurden seltener. Nach einem halben Jahr fand Bärbel eine Stelle in der Virusabteilung des Hygieneinstituts, der Arbeitsweg war kürzer, die Arbeit selbst leichter und interessanter, aber das Leben als Ehefrau war langweilig und blieb langweilig. Eine

Schwangerschaft konnten sich die beiden noch nicht leisten, der Kredit mußte abbezahlt werden, und Bärbel mußte mitarbeiten (die Frauen arbeiteten ja nicht, sie arbeiteten mit). Peter war langweilig und blieb langweilig: wie er damit prahlte, daß ers diesem und jenem Arzt wieder gegeben hatte, wie er seine Witze erzählte, wie er ganz allmählich anfing, zu viel zu trinken.

Seinen Humor behielt er auch, wenn sie versuchte, etwas zu klären.

»Peter, wir müssen mal darüber reden, daß du so viel trinkst.«

»Ist gut, machen wir. Am besten heute abend, bei einer Flasche Schnaps.«

War das die Ehe? Wie schon in der Kindheit, als sie eine der besten Kundinnen in der Kinderabteilung der Stadtbibliothek gewesen war, flüchtete sie sich in eine Bücherwelt. Familienromane waren immer schon das Beste gewesen: ging es damals um eine Familie, die eine Nerzfarm besaß, ging es jetzt um Thomas Manns hanseatisches Großbürgertum. Oder die »Familie auf Jalna«, mit Stellen wie ein roter Karton mit Coca-Cola-Flaschen: »Alles Denken hatte aufgehört, nur ihre Sinne waren lebendig, und sie waren eins mit den Elementen, dem Regen, dem Wind, der sinkenden Dunkelheit, der ruhenden wartenden Erde. War sie in seinen Armen – der rauhe Stoff seines Ärmels an ihrem Gesicht – seine Lippen auf ihren – seine Küsse, sie quälend und zugleich schwach machend? Nein, er hatte sich nicht von der Stelle bewegt. Sie stand allein oben auf den Stufen, und der Regen lief ihr über das Gesicht wie Tränen. Aber doch hatte sie das Gefühl, als wäre die Umarmung geschehen und empfangen.«[74]

Auch Bärbels Freundin Ilse lebte inzwischen mit ihrem Mann in Bremen; sie arbeitete ebenfalls bei den Gesundheitstees, auch nach Bärbels Kündigung noch. Sie trafen sich, Ehepaar mit Ehepaar: die Männer betranken sich gemeinsam und waren großmäulig, die Frauen saßen in der Küche und erzählten einander von ihren Problemen mit dem jeweiligen Mann.

Im April 1966 waren sie nach Bremen gezogen, im nächsten Jahr mußte das blinde Auge herausoperiert werden, und sie bekam ein Glasauge. Peter stand ihr liebevoll bei.

Am 2. Juni 1967 wurde in Berlin der Student Benno Ohnesorg bei einer Demonstration erschossen.

Am 4. April 1968 wurde in Memphis, Tennessee, Martin Luther King erschossen.

Eine Woche später, am 11. April schoß einer in Berlin auf Rudi Dutschke und verletzte ihn schwer.

In Vietnam wurden Unbekannte erschossen.

Im Sommer 1968 fanden die Rote-Punkt-Demonstrationen gegen Fahrpreiserhöhungen statt.

Bärbel stand im blauen Leinenkleid, mit weißen Handschuhen und einem weißen Strohhut im Eingang von Karstadt, in der Rolle einer adretten jungen Ehefrau, und sah den Polizisten und Demonstranten zu.

Plötzlich begannen die Polizisten, die Demonstranten in eine enge Gasse zu treiben, die Bischofsnadel, und versperrten ihnen zu beiden Seiten den Ausweg. Dann schlugen sie zu.

Körper krümmten sich, Hände versuchten, Köpfe zu schützen, der Strahl aus dem Wasserwerfer traf, und Körper fielen um.

»Ich war total entsetzt. Kennst du solche besonderen Situationen, in denen du sicher weißt, das geschieht jetzt, und dadurch wird dein Leben danach ganz anders? Du weißt noch nicht wie, du weißt noch nicht wann, es kann sogar noch sehr lange dauern, und du machst vielleicht noch viele Umwege, aber diese einzelne Situation ändert auf lange Sicht alles?«

Zwölf Kinder hatten sie auf die Bahnschienen gestellt und mit ihren Regenschirmen zugeschlagen. Und hier stand jetzt Bucceroni, der braune Bomber, im Eingang von Karstadt, als adrette junge Ehefrau verkleidet, und sah die Polizisten mit ihren Schlagstöcken und die wehrlosen Demonstranten.

»Laß dir nichts gefallen, ja los, komm her, zeig mal, was du kannst ...«

33 »Einerseits bin ich ja sehr deutsch erzogen,« erzählte Bärbel viele Jahre später der Journalistin, »preußisch, mit klaren Richtlinien und Verhaltensmaßstäben, die bestimmen mich mit: Was man angefangen hat, muß man zu Ende führen. Krankheiten werden erst akzeptiert, wenn man schon halb auf dem Sterbebett liegt, vorher geht man selbstverständlich zur Schule. Erst die Arbeit, dann das Spiel. Ordnungsliebe, Leistungsbereitschaft ... Aber andererseits empfinde ich natürlich das Anderssein, wenn es um bestimmte rassistische Erfahrungen geht. Da habe ich Sensibilitäten entwickelt, die Weiße nicht nachvollziehen können, weil sie ganz selbstverständlich mit Rassismen umgehen. Bei Begriffen wie Mischling zucke ich zusammen. Oder wenn Deutsche sich über das türkische Kopftuch aufregen, muß ich mich fragen: Was denken die eigentlich, wer die sind, daß sie bestimmen können, wie sich der Rest der Welt kleidet? Und das tun die mit einer unglaublichen Ignoranz und Arroganz.«[75]

Als Kind hockte sie mit einer moralischen Begeisterung, wie sie nur Kinder haben können, vor dem Radioapparat und hörte im Schulfunk ihre Lieblingssendung: »Du bist mitverantwortlich!«

Neben den Artikeln über den Krieg in Jugoslawien (»In 24 Stunden seien 792 Einsätze geflogen worden ...«) und über die Befürchtungen des Opel-Betriebsrats in Bochum, daß in den nächsten fünf Jahren 7000 Arbeitsplätze abgebaut werden könnten, findet sich in der Westdeutschen Allgemeinen Zeitung vom 29. Mai 1999 folgende Meldung, von dpa übernommen: »Ein Asylbewerber (30) aus dem Sudan ist bei seiner Abschiebung vom Frankfurter Flughafen nach Kairo gestorben. Die Staatsanwaltschaft erklärte, der Mann habe sich gegen die Abschiebung gewehrt und sei von Polizisten am Sitz ›fixiert‹ worden. Um mutwillig herbeigeführte Kopfverletzungen zu vermeiden, sei ihm ein Helm aufgesetzt worden. Beim Start sei er von den Beamten in die Hocke gedrückt worden. Als das Flugzeug in der Luft war, habe man bemerkt, daß der Mann tot gewesen sei. Eine Obduktion soll nun die Todesursache klären.«[76]

»Du bist mitverantwortlich!« Aber wie weit?

»Wir wissen recht wenig über *animalisches* Mitleid, aber wir behaupten, daß es zur Conditio humana gehört, Verantwortung gegenüber dem Anderen zu empfinden: eine universelle Abscheu vor Mord, die Hemmung, dem Mitmenschen Leid zuzufügen, und den Impuls, dem in Not Geratenen zu helfen«[77], schreibt der Soziologe Zygmunt Bauman. »... die Wurzeln der Moral reichen daher tiefer als die soziale Ordnung, als Formen von Herrschaft und Kultur.« Nicht die Unmoral, glaubt er, sei also das ursprünglich Menschliche, sondern die Moral: das ganz einfache Mitgefühl, die elementare Solidarität. Moralisch sei man ohne weiteres, und erst zur Unmoral müsse man erzogen werden ...

»Das erste, was sie uns bei der Legion beibrachten,« erzählte mir einmal ein alter Mann, der im Algerienkrieg in der französischen Fremdenlegion gekämpft hat, »war, daß wir es nicht mit Männern, Frauen oder Kindern zu tun hatten, sondern mit Sachen. Es war nicht ›der‹ oder ›die‹, es war ›das‹. Das haben wir gelernt. Also konnten wir auch ohne große Skrupel bei einer Strafaktion in einem Dorf ›das‹ zusammentreiben und auf den Boden legen und mit dem Lastwagen drüberfahren.«

Im Urteil des Nürnberger Gerichtshofes über Walter Funk, Hitlers Reichswirtschaftsminister und Reichsbankpräsident, heißt es: »Im Jahre 1942 traf Funk mit Himmler ein Abkommen, auf Grund dessen die Reichsbank gewisses Gold, Juwelen und Barmittel von der SS erhalten würde, und gab seinen Untergebenen, die die Einzelheiten auszuarbeiten hatten, die Anweisung, keine unnötigen Fragen zu stellen. Als Ergebnis dieses Abkommens lieferte die SS an die Reichsbank die persönliche Habe und Wertgegenstände, die den Opfern, die in Konzentrationslagern umgebracht worden waren, abgenommen waren. Die Reichsbank behielt die Münzen und Banknoten zurück und schickte die Juwelen, Uhren und persönlichen Gegenstände an die städtischen Pfandleihämter in Berlin. Das von Brillen stammende Gold sowie Goldzähne und Plomben wurden in den Gewölben der Reichsbank aufbewahrt. Funk hat den Einwand gemacht, daß er nicht gewußt habe, daß die Reichsbank Gegenstände dieser Art erhalten habe. Der Gerichtshof ist der Ansicht, daß er entweder wußte, welche Gegenstände eingingen, oder daß er bewußt seine Augen demgegenüber verschloß.«

Als während des Prozesses ein Dokumentarfilm über die Konzentrationslager gezeigt wurde, weinte Funk.[78]

34

Eigentlich war nichts mehr, wie es war, seitdem Bärbel gesehen hatte, wie die Polizisten in der Bischofsnadel die Demonstranten zusammenschlugen.

Aber erst einmal blieb alles, wie es war, weil sich so viel veränderte: häufige Umzüge, immer wieder neue Arbeitsstellen, andere Orte, andere Situationen, andere Menschen. Sie entkam der jeweiligen Langeweile und konnte es noch lange vermeiden, zu erkennen, daß sie längst etwas erkannt hatte.

»Immerhin,« sagt sie heute, »all diese Umwege, die Orts- und Stellenwechel haben wenigstens mit sich gebracht, daß ich mich ständig an neue Umgebungen gewöhnen mußte und gelernt habe, mit ganz unterschiedlichen Menschen umzugehen. Dadurch bin ich sehr viel selbstsicherer geworden.«

Von Bremen ging es nach Bergkamen. Das Gelände der Firma Sch., eine alte Fischer-Tropsch-Anlage zur Benzingewinnung, so groß, daß Werksbusse die Beschäftigten an ihre Arbeitsplätze fuhren, war eine Enklave in der engen, trüben, von Kohlenstaub bedeckten Stadt, und mehr noch als in den anderen Labors hatte Bärbel hier dieses seltsam faszinierende Inselgefühl: ringsum lebten Bergleute und Bauern, dachten und sprachen schwer und grob, westfälisch, und hier lebten weiße Kittel mit einer ganz anderen, eigenen Sprache, die Wissenschaft, die Sachlichkeit.

Aber andererseits beherrschte mehr noch als anderswo das Sexuelle die Gespräche, die Gesten, das, was sich in weißen Kitteln zwischen Reagenzgläsern, Meßgeräten und Protokollbögen bewegte.

Da war etwa Dolly aus Berlin, Anfang zwanzig, sah doppelt so alt aus, war verheiratet mit einem Mechaniker mit einem Klumpfuß, der auch im Werk arbeitete. Morgens zum Dienstbeginn kamen die Männer einer nach dem anderen an ihren Labortisch und faßten ihr von hinten an die Brüste: »Moin Dolly, wie gehts?« Sogar ihr eigener Mann tat das.

Ansonsten wollten alle bloß weg von hier, in die Welt, wo immer die auch liegen mochte. Auch Dolly wollte weg von hier, aber: »Ick kann ja nich, ick kann ja nich, wegen Charlies Füße!«

Bevor sie mit Peter eine nette Vier-Zimmer-Wohnung bezog, lebte Bärbel für kurze Zeit allein in einem winzigen Kämmerchen und stellte erstaunt fest (und vergaß es lieber ganz schnell wieder), wie wohl sie sich inzwischen fühlte, wenn sie allein sein konnte.

Die Großmutter hatte einen Schlaganfall, von dem sie sich nie wieder erholte. Sie fiel nachts aus dem Bett und lag stundenlang auf dem kalten Fußboden.

Vom Krankenhaus kam sie gar nicht mehr in ihre Wohnung zurück, sie wurde direkt ins Pflegeheim verlegt: sie blieb linksseitig gelähmt, hatte Sprachschwierigkeiten (die sich allerdings noch einmal besserten), war manchmal desorientiert, verlor das Interesse an allem, was jenseits ihres unmittelbaren Horizonts lag. Im Heim lebte sie noch zwei Jahre, Besuch kam zu selten.

Auf ihrer Beerdigung wurde der 23. Psalm verlesen, »Der Herr ist mein Hirte ...«, und zum Abschied bekam sie rote Nelken, weil die doch ein Symbol der Sozialisten sind; so hatte sie es sich gewünscht.

Bei der Predigt saß Bärbel neben ihrer kleinen Cousine. Sie hatte sich fest vorgenommen, nichts an sich heranzulassen, sie zog die Schultern hoch, sie wußte ja, wie man das machte, sie spannte die Muskeln an, bis sie steinhart wurden. Der Pfarrer sprach darüber, wie Henriette Hilbert in der Verantwortung für andere gelebt hatte, wie ihre ganze Sorge ihren Kindern und Enkelkindern gegolten hatte, »und von den Enkelkindern stand ihr eines immer ganz besonders nah –«

Die kleine Cousine zupfte Bärbel am Ärmel: »Das bist du doch, ne, Bärbel?«

Da wars vorbei mit steinhart, und Bärbel heulte los.

Die Wohnung der Großmutter stand also leer, als Bärbel von Peter und Bergkamen weglief, weil man die ersten Szenen zeigte, die für Jugendliche unter achtzehn Jahren verboten waren. In dieser Wohnung hatte Bärbel, als ihre Großmutter in Amerika war, schon einmal so etwas Ähnliches wie ein eigenes Leben gelebt, und so zog sie jetzt wieder dort ein.

Ein ehemaliger Vorgesetzter legte ein Wort für sie ein, und sie konnte wieder bei den A-Werken anfangen; dort war sie rasch eine angesehene Laborantin, sie hatte Fremderfahrung, die wertvoll erschien, die Tätigkeit bei Sch, im Hygiene-Institut …

Sie war entschlossen, sich von Peter zu trennen. Aber: »Eine Ehe führen heißt nun einmal Opfer bringen, sich beherrschen, ein gutes Beispiel geben und auch wieder verzeihen.« Also kam Peter hinterher, und sie nahmen sich wieder gemeinsam eine Wohnung.

Sie lebte wieder mit Peter zusammen und würde noch ein paar Jahre mit ihm zusammenleben, obwohl sie nicht erst seit ihrer Flucht aus Bergkamen von ihm getrennt war.

Bei den A-Werken bildete sie jetzt Lehrlinge aus, da war sie wieder eine andere Person: jemandem etwas beibringen, ein offenes Ohr haben, unterstützen, zurechtweisen, Wissen vermitteln und Wissen abfragen, etwas erklären und noch einmal erklären, und wenn es sein muß, auch noch ein drittes Mal … mit Respekt vor allem, mit Achtung, nicht diese Demütigungen, die sie selbst in ihrer Lehrzeit hatte hinnehmen müssen.

Sie begann sich dafür zu interessieren, die Lehrlinge für etwas zu interessieren, für eine Versuchsanordnung, eine Formel, einen Handgriff, mit dem man vermeiden konnte, daß die Ratte zubiß; allmählich fing sie sogar an, sich dafür zu begeistern, die Lehrlinge zu begeistern. Das könnte doch auch ein Beruf sein, irgendwem irgendwas beibringen.

Aus den Bücheregalen zog sie nun Bücher über Pädagogik, probeweise.

Ihr früherer Gönner, dem sie als Lehrling das Mittagessen hatte aufwärmen dürfen, lud Peter und Bärbel jetzt zum Abendessen ein, das seine Frau zubereitete, gesellschaftlicher Umgang.

Schlimmer noch allerdings war es, wenn sie sich mit den ehemaligen Mitlehrlingen trafen, Ehepaare mit Ehepaaren. Die Männer spielten mit der Carrerabahn des Hausherrn, und die Frauen saßen im anderen Zimmer und diskutierten angeregt über die Vor- und Nachteile der verschiedenen Möglichkeiten, eine Nirostaspüle zu pflegen. »Wo bin ich hier?« fragte sich Bärbel, die dazwischensaß.

Bei den A-Werken gab es auch Susi, eine Bürste, die einem Hund ähnlich sah. Sie folgte Bärbel überall hin in den Labors und blieb brav bei Fuß, sie brauchte keine Leine. Sobald sie sich in Bewegung setzte, wußte man zweifelsfrei, wo der Kopf war: an dem Ende nämlich, das vorn blieb, wenn das Gebilde sich in Bewegung setzte, um hinter Bärbel herzutrotten.

Eigentlich sollte Susi nach Abschluß der Versuchsreihe seziert werden, aber sie fing an zu hinken, das Tier ist nicht gesund, weiß der Teufel, was sie hat, die kann man nicht gebrauchen, also wurde sie aus dem Versuch ausgeschlossen, und weil sich Bärbel für sie verwandte, blieb sie am Leben.

Bärbel fand bald heraus, daß Susi, sobald sie sich unbeobachtet glaubte, überhaupt nicht hinkte, doch wenn sie ahnte, daß jemand hinsah, erlahmte sie plötzlich wieder. Aber Bärbel verriet die Freundin natürlich nicht.

Mit Erlaubnis ihres Vorgesetzten brachte Bärbel Susi endgültig außer Gefahr, indem sie draußen ein Frauchen für Susi fand und sie dort schweren Herzens abgab. Aber es war wie in diesen Filmen, die wir als Kinder gesehen haben, in denen irgendwelche klugen Tiere ganz Nordamerika durchqueren, um zu Joey oder Patty zurückzukehren: als Bärbel am nächsten Morgen zur Arbeit kam, saß Susi schon bei den anderen Hunden im Käfig und wedelte vor Freude mit dem Ende, das der Schwanz sein mußte. »Sie ist zurückgekommen.« informierte man Bärbel.

Die bat Susi zu einem ernsten Gespräch. »Hör mal zu, ich dachte, du wüßtest, was sie hier mit dir vorhatten, mach dir doch mal klar, daß du nur knapp dem Tod entkommen bist! Bei dem neuen Frauchen bist du sicher, also komm bloß nicht noch mal zurück, wenn ich dich da wieder hingebracht habe.« Traurig fügte sie hinzu: »Ich verspreche dir auch, daß ich dich besuchen komme.« Susi hörte ebenso traurig zu und blieb bei der neuen Besitzerin, nachdem Bärbel sie wieder abgeliefert hatte.

Als Bärbel sie besuchte, hatte sie sich schon erheblich verbreitert. »Das Tier hat so einen guten Appetit!« meinte das neue Frauchen. Bärbel mußte ihr erklären, daß Hunde keine Freßhemmung und kein Sättigungsgefühl kennen.

Peter saß derweil daheim und trank, oder er saß nicht daheim, sondern tat Dinge, die Doris Day Gary Grant niemals verziehen hätte.

Auch in Wuppertal, der nächsten Stadt, saß er daheim und trank oder saß nicht daheim und tat stattdessen Dinge, die ein amerikanischer Regisseur in den fünfziger Jahren dem Publikum niemals zugemutet hätte.

Bärbel fing bei B. an, und ein Arzt half ihr, die inzwischen heftige allergische Symptomatik zu kaschieren, indem er hohe Dosen Cortison verordnete. Sie schloß Freundschaft mit dem schwulen Buchhändler und las mehr als jemals zuvor.

Helga, eine Arbeitskollegin, besuchte die Kollegschule, um das Abitur nachzuholen und zu studieren.

Warum eigentlich nicht? Wenn Helga das konnte …

Wer die Begabtensonderprüfung bestand, hatte damals noch

die Möglichkeit, ohne Abitur an einer Pädagogischen Hochschule studieren.

Mit der gleichen Begeisterung für Lernen und Erkenntnis, deren Macht sie im ersten Schuljahr von ihrem Stuhl gerissen und nach vorn zu Fräulein Gehrmann getrieben hatte, mit den Fingern schnippend und »Oma, Oma, ich weiß das!« rufend, saß Bärbel in dem Vorbereitungskurs an der Volkshochschule. Jetzt erst recht wollte sie die Dinge verstehen, alles begreifen, wollte wissen, warum die Dinge so sind, wie sie sind, wollte wissen, warum etwas so geschieht, wie es geschieht.

Geprüft würde in drei Fächern, auf Chemie bereitete sie sich allein vor, und an der Volkshochschule gabs Deutsch und Geschichte: die Gefechtsaufstellung der Preußen in den napoleonischen Kriegen, die Reichsgründung, der 20. Juli, »›Reisen bildet‹ – ›Der Massentourismus ist der Fluch der Neuzeit‹: Erörtern Sie die Thesen und nehmen Sie kritisch Stellung!«... Die Prüfung bestand sie natürlich. Einzig die Frage des Geschichtsprüfers, wo denn in Wuppertal heute noch der Code Napoléon in der Rechtssprechung Anwendung finde, konnte sie nicht beantworten. Er verriet ihr aber die Lösung des Rätsels: bei Streitfällen in bezug auf Grundstücke in Wuppertal-Ronsdorf. So erfuhr sie auch das noch.

Peter saß daheim, trank und war dagegen: studieren, immerhin war sie noch seine Frau! Weil sie sich nicht abbringen ließ, trank er noch mehr und tat noch mehr Dinge. Wenn die eigene Frau meinte, nach Höherem streben zu müssen, na gut, es gab genügend andere. Wenn man der eigenen Frau nicht gut genug war, dann eben nicht ... und außerdem brauchte man das als Mann hin und wieder. Denn man war doch schließlich ein Mann?

Sie schaffte die Prüfung, der Zugang zum Studium öffnete sich, aber die Anstrengungen, die Haare glatt zu bekommen, waren vergeblich wie in den Jahren zuvor, diese Aufgabe blieb unlösbar, dieser Zugang blieb verschlossen.

35 In Köln, an der Pädagogischen Hochschule, lernte sie Jürgen und Albert kennen.

Die beiden wohnten zusammen in einem Altbau direkt hinter dem Severinstor, in zwei gemütlichen, etwas muffigen, herbstfarbenen Zimmern in der dritten Etage, das Klo eine halbe Treppe tiefer. Albert fuhr einen Motorroller und Jürgen eine alte Ente, auf deren Rücksitz er sicherheitshalber immer einen kompletten Ersatzmotor liegen hatte.

Jürgen war ziemlich dick, gutmütig und unglaublich witzig. Sein Glühwein war fantastisch. Zu Weiberfastnacht, nach den obligatorischen Fischbrötchen, holte Jürgen den Karnevalskoffer vom Dachboden und verwandelte sich; bis Aschermittwoch behielt er die Pappnase im Gesicht. Albert, ein sehr sanfter, sehr intelligenter, sehr linksradikaler Mann, zupfte an seinem Schnurrbart und sah seine Mitmenschen mit seinen blauen Augen voll tiefer Wertschätzung an. Albert ging am Ende mit der Frau nach Hause, der Jürgen den ganzen Abend versucht hatte zu imponieren.

Sie lasen Gramsci, sie lasen Marx, studierten, wie es damals so üblich war, in einer Arbeitsgruppe das »Kapital«. »Eine Spinne verrichtet Operationen, die denen des Webers ähneln, und eine Biene beschämt durch den Bau ihrer Wachszellen manchen menschlichen Baumeister. Was aber von vornherein den schlechtesten Baumeister vor der besten Biene auszeichnet, ist, daß er die Zelle in seinem Kopf gebaut hat, bevor er sie in Wachs baut. Am Ende des Arbeitsprozesses kommt ein Resultat heraus, das beim Beginn desselben schon in der Vorstellung des Arbeiters, also schon ideell vorhanden war. Nicht daß er nur eine Formveränderung des Natürlichen bewirkt, verwirklicht er im Natürlichen zugleich seinen Zweck, den er weiß …«[79]

Sie gingen Satz für Satz vor, behaupteten, widersprachen, sahen ein oder auch nicht, verstanden oder verstanden nicht, bauten im Kopf die bessere Welt, die sie schließlich auch in der Wirklichkeit bauen wollten. Sie diskutierten stundenlang, erbittert, ernsthaft, schließlich ging es um die endgültige Befreiung der ganzen Menschheit, aber sie taten das alles, ohne es so richtig ernst zu nehmen. Es war eine Jugend, ein Aufbruch, und sobald man über etwas herzlich lachen konnte, galten sowieso andere Regeln (wie schon in Bärbels Kindheit). Sie gingen zum Spanier, aßen und tranken und einigten sich auf ein Aktionsprogramm für die Lösung der dringendsten Aufgaben im revolutionären Kampf: »Langustinos für alle! Langustinos als Volksnahrung!«

In die Couchgarnitur-und-Sideboard-Wohnung, in der sie mit Peter lebte, hängte Bärbel ein Plakat, auf dem ein Gefangener schrie: »Ich will hier raus!« Peter konnte nicht mehr mithalten, er sah, daß er unterliegen würde, und wurde gewalttätig. An dem Abend, als er ihr drohte: »Heute nacht mach ich dich fertig!«, floh Bärbel zu Jürgen und Albert.

Jürgen würde später mitgehen ins Referendariat ins Ruhrgebiet, dorthin, wo das Proletariat darauf wartete, zum Bewußtsein seiner historischen Mission gebracht zu werden: »Mögen die herrschenden Klassen vor einer kommunistischen Revolution zittern. Die Proletarier haben nichts in ihr zu verlieren als ihre Ketten. Sie haben eine Welt zu gewinnen.«[80]

Albert würde viele Jahre später von der Rheinbrücke springen, weil er an Schizophrenie litt und es nicht mehr ertragen konnte, wie die Krankheit sein Leben, wenn er es gerade mühsam zusammengesetzt hatte, immer wieder in Stücke schlug.

»Das war doch so kalt, mitten im Winter, dieser eiskalte Fluß... er hat mir so geholfen, Jürgen und er haben mir so geholfen, als ich mich von Peter getrennt habe, und jetzt war keiner da, der ihm hätte helfen können, bloß dieser eiskalte Fluß ...«

36 In Köln gab es die Karnevalsgesellschaft der »Nejerköpp«. Bebrillte, korrekt übergewichtige Herren vom Tiefbauamt oder aus der Personalabteilung eines Kaufhauses schminkten sich die Gesichter schwarz und setzten sich Kraushaarperücken auf, zogen sich Baströckchen und schwarze Strumpfhosen an und tänzelten bei naßkaltem Wetter zu scheppernder Musik durch die Straßen. Das war lustig.

Und weil es so lustig war, kräuselten sich auch die Haare der Sekretärinnen und Soziologiestudentinnen, bis sie aussahen wie die Perücken der »Nejerköpp«. Das war auch irgendwie rebellisch.

Dazu trugen diese Frisuren sehr kurze Röckchen, allerdings nicht aus Bast, und strengten sich an, möglichst schläfrig dreinzublicken. Das war erotisch.

Willy Brandt war Bundeskanzler. Das gab Hoffnung.

Man wagte mehr Demokratie. Das war richtig.

Aber nicht so einseitig und radikal, denn das war falsch.

Die Amerikaner verteidigten in Indochina die Freiheit Berlins. Das war ein Grund, dankbar zu sein.

37 Bärbel verliebte sich unsterblich in Werner.

»Ach, Liebe ...« In Dr. Vogelsangs Tonfall hatte sich damals amüsierte Verachtung mit besorgter Wärme gemischt. »Was wissen Sie denn schon von Liebe? Sie sind doch noch so jung, sie werden sich noch wundern, wen Sie im Leben noch alles lieben werden.«

Werner trug eine Baskenmütze und hatte ein entsetzliches unternehmerisches Talent. Hör mal zu, nun hör mir doch mal richtig zu, dieses Mal ist es aber wirklich eine todsichere Sache, das kann gar nicht schiefgehen, das wird ein Riesengeschäft. So wollte er nicht nur hin und wieder ein jeweils ganz besonderes Restaurant eröffnen, sondern beispielsweise auch einen Reisladen. In diesem Reisladen sollte man alles kaufen können, was irgendwie mit Reis zu tun hatte: Patna-Reis, Milch-Reis, Reis-Zwecken, Fern-reis-en, Reis(s)-Verschlüsse ... Bärbel wußte angesichts seiner Ideen manchmal nicht, ob sie ihn anhimmeln oder sich vor diesem Dämon in ihm fürchten sollte.

Bärbel lernte ihn bei der Firma Tr kennen, wo sie die ganze Zeit arbeitete, um ihr Studium zu finanzieren (er ist dort heute noch, aber nächstes Mal wirds ganz bestimmt ein gutes Geschäft). Weil sie weiterhin zur Arbeiterklasse gehörte, konnte sie bei den nächtlichen Entgleisungen der Studenten nicht gut mithalten.

Werner wollte keine Kinder.

Bärbel hatte in Bielefeld eine Fehlgeburt im dritten Monat. Peter brachte sie, nachdem heftige Blutungen aufgetreten waren, nachts ins Krankenhaus; der Arzt im OP wußte nicht, daß sie eine private Zusatzversicherung hatte und hielt ihr, als sie noch im gynäkologischen Stuhl saß, das Glas mit dem Fötus vors Gesicht und meinte: »Das wars.« Es wäre ein Junge geworden, der erste von fünfen, die nie geboren wurden.

Viel schwerer als die Trennung von Peter fiel der Abschied von diesen Kindern. Sie brauchten ihre Liebe doch, sie lebten doch davon, eine Liebe, die aus einer anderen Tiefe kam als das, was sie für einen Mann empfinden konnte. Diese Liebe würde sie immer wieder heimsuchen. Gegen die Liebe zu den Männern, das würde sie lernen, kann man sich wehren, aber nicht gegen die Liebe zu den Kindern, die war anders, mächtiger.

»Wie auch immer, ich glaube inzwischen, daß in mir auch das Wissen meiner weiblichen Ahnen aufbewahrt ist, der Sklavinnen, denen man die Kinder weggenommen hat, denen man wieder und wieder ihre Kinder weggenommen hat«, sagt sie heute. »Ich glaube, daß meine Krankheiten damit zusammenhängen.«

Es wurde Geld gesammelt, um den Volkskrieg in Zimbabwe zu unterstützen. Bärbel hörte sich eine revolutionäre Rede an und spendete, obwohl sie damals gar nicht wußte, wo Zimbabwe eigentlich lag.

Seit ihrem Experiment mit der Glühbirne war ihr Interesse an den Naturwissenschaften nicht geringer geworden; so studierte sie im Hauptfach fürs Lehramt Biologie und in einem Nebenfach Chemie. Dafür mußte sie sich vor den Genossen rechtfertigen: Naturwissenschaften an sich waren reaktionär.

In einem Saal in der Nähe vom Neumarkt referierte Rudi Dutschke über die zyklischen Krisen des Kapitalismus, über die Rezession, die gerade begonnen hatte, über die Aufgaben, vor denen die Linke jetzt stand.

»Kannst du das nicht einfacher machen?« rief einer von hinten, er gehörte irgendeiner der unzähligen Parteien an, irgendeiner Vorhut der Arbeiterklasse, nur sie würde die proletarischen Massen siegreich im Kampf um den Sozialismus führen.

»Nein, Genosse, tut mit leid«, erklärte Dutschke. »Die Zusammenhänge sind so kompliziert, da mußt du deinen Kopf schon mal anstrengen, das habe ich auch gemußt.«

»Arrogantes Schwein!« schrie der Herr von der Vorhut.

In den Arbeitskreisen sprach man über den subjektiven Faktor. Bärbel entdeckte ihn auf ganz subjektive Weise. Bei einer Rede einer lokalen revolutionären Größe kletterte ein Kind nach vorn und fing an, am Rednerpult zu spielen. Der Revolutionär zischte das Kind an: »Verpiß dich!«

Sollte das etwa der Bau einer besseren Welt sein?

Theresia, die zum Arbeitseinsatz in Kuba gewesen war, lebte in einer Wohnung, die zum »Betrieb« gehörte, einer linken Drukkerei, in der ihr Freund und zwei andere Männer arbeiteten, »Theologen und sonstwas, aber keiner hatte eine Druckerlehre«.

Viele Leute, die Hausarbeit war zwischen allen gleichberechtigt aufgeteilt, es gab einen hellen Gemeinschaftsraum, darin stand ein großer weißer runder Tisch, an dem sie über die Welt und die Revolution debattierten. An sonnigen Tagen aßen alle gemeinsam auf der Dachterrasse über der Werkstatt, und die Maschinen fingen erst dann wieder an zu rattern, wenn man sich auf eine endgültige Analyse des kubanischen Wegs zum Sozialismus wenigstens für heute geeinigt hatte. »So wollte ich auch leben, das war für mich die ideale Form, Ideen, Anregungen, nicht diese Enge, wie ich sie mit Peter kannte. Auch mit Werner hatte sich, nachdem wir inzwischen zusammenlebten, ganz schnell ein ähnlicher Lebensstil entwickelt, so, als wäre das der natürliche Gang der Dinge, wenn man als Paar zusammenlebt: ich habe das Essen gekocht, ich habe Werners Hemden gebügelt und seine Schuhe geputzt, ich wars, die den Frühstückstisch gedeckt hat, ich wars auch, die das Geschirr wieder abgeräumt hat ... Außerdem war die traute Zweisamkeit, ehrlich gesagt, auch ein bißchen langweilig. Und heute weiß ich, daß unsere Beziehung gelitten hat, weil wir den Konflikt nicht ausgetragen haben: ich habe mir so sehr Kinder gewünscht, und Werner wollte partout keine. Das war wohl auch eine der Unvereinbarkeiten, an denen die Beziehung am Ende zerbrochen ist. Ich habe mir später dann immer wieder Wohngemeinschaften gesucht, in Gelsenkirchen habe ich zum Beispiel lange mit Jürgen und einem weiteren Freund zusammen gelebt.«

Theresia wurde eines Morgens von einem Polizisten geweckt: eine Hausdurchsuchung wegen eines Raubdrucks. Auch so etwas gehörte dazu.

Basierend auf einem Oberseminar mit dem Titel »Entfremdete Arbeit als pädagogisches Problem« wurde das Arbeiterbildungsheim in Köln gegründet.

Bärbel leitete dort Kochkurse, in denen sie versuchte, die Arbeiterfrauen vom Joch der Mehlschwitze zu befreien. Wie hieß es bei Marx? »Die *Bildung* der fünf Sinne ist eine Arbeit der ganzen bisherigen Weltgeschichte. Der unter dem rohen praktischen Bedürfnis befangene *Sinn* hat auch nur einen *bornierten* Sinn. Für den ausgehungerten Menschen existiert nicht die menschliche Form der Speise, sondern nur ihr abstraktes Dasein als Speise; ebensogut könnte sie in rohester Form vorliegen, und es ist nicht zu sagen, wodurch sich diese Nahrungstätigkeit von der *tierischen* Nahrungstätigkeit unterscheide.«[81]

Es ging also darum, eine dem objektiven Reichtum der Welt entsprechende reiche Subjektivität zu entwickeln. So machte Bärbel die Kursteilnehmerinnen mit den humanistischen Ideen von Grete Willinsky vertraut, deren praktische Umsetzung immerhin Peter Kampmann davon abgebracht hatte, weiterhin mit

Nahrungsmitteln zu werfen: »Nicht die Menge, auch nicht die Wahl der Gerichte macht ein gutes Essen aus, sondern neben der Güte der Zubereitung auch der einfachsten Speisen vor allem die Art, wie wir sie genießen. Wir müssen wieder zu essen lernen. Wer zu essen versteht, heißt es in Italien, hat Lebensart, hat Kultur.«[82]

Bärbel war von ihrer pädagogischen Berufung überzeugt. In dem Buch von Gramsci hatte sie den Satz unterstrichen: »Danach ist jeder Lehrer immer Schüler und jeder Schüler zugleich Lehrer.«[83] Gegen Ende des Studiums unterrichtete sie im Rahmen ihres Praktikums an der Sonderschule in der Leyendecker Straße auch Sexualkunde. Licht in die Gehirne! Dem Morgenrot entgegen!

Ein Schüler meldete sich im Unterricht: »Frollein, wemmer drüvver redet, kammer ävver och ene Stieven krije!«

Irgendwann hörte sie einfach auf mit ihren Versuchen, die Haare glatt zu bekommen. Sie hatte es sich nicht einmal richtig vorgenommen, es gab keinen Beschluß und keinen Anlaß, sie hörte einfach damit auf.

Vielleicht spielten Marx und Engels eine Rolle, vielleicht Jürgen oder Werner, vielleicht waren es die Fotos von Angela Davis, vielleicht hatten sich die Haare selbst so entschieden und fragten jetzt, in dieser Zeit der Befreiung, nicht länger nach der Zustimmung ihrer Herrin, und diese geriet immer mehr in die Defensive und unterlag am Ende den vereinten Kräften ihrer natürlichen Gegner.

Alle fanden jedenfalls, sie sähe toll aus so, viel besser als vorher, warum sie das nicht schon längst … Alle, das waren Jürgen, Albert und Werner. Wäre das möglich gewesen, hätten sich die Haare da noch mehr gelockt und geringelt vor Stolz, und ganz besonders und noch mal extra und revolutionär.

38 Jürgen, wie gesagt, war ziemlich dick, er aß so gern. Er spielte mit seiner Modelleisenbahn, baute kleine Häuschen und reparierte die Lokomotiven.

Später als Lehrer würde er regelmäßig Eisenbahn-Arbeitsgemeinschaften für die Schüler anbieten (Ein anderer Freund las vorm Einschlafen Fahrpläne. Für die dachte er sich dann Verbesserungen aus und fuhr mit dem Anschlußzug hinüber in den Traum.).

Jürgens Liebe zur Eisenbahn war so unschuldig wie seine Liebe zum Essen.

Yaakov wurde 1946 in einem DP-Lager geboren, einem Auffanglager für ehemalige KZ-Häftlinge also, seine Eltern hatten Auschwitz überlebt.

Yaakov ist viel dicker, als es Jürgen jemals war. »Weil ich meiner Mutter all die ermordeten Verwandten ersetzen mußte, eine ziemlich große Familie, und sie hat als einzige überlebt«, kommentiert er sich mit traurigem Lachen.

Als er zum ersten Mal als erwachsener Mann nach Deutschland zurückgekehrt sei – keiner, mit dem er in Israel darüber gesprochen habe, habe verstehen können, was er in diesem Land der Mörder verloren habe –, habe er gefürchtet, verrückt zu werden, denn es seien Visionen gekommen: von den Zügen der Reichsbahn, die nach Osten fuhren, von den Viehwaggons, in denen die Menschen schrieen und stöhnten, und das Geräusch der Räder, und das Röcheln, der Fahrplan wurde eingehalten, der Waggon wurde abgekoppelt und stand irgendwo, Tag oder Nacht oder schon der nächste Morgen, dann wurde er wieder angekoppelt, es ging weiter, der Fahrplan wurde eingehalten, und schließlich fuhr der Zug hinüber in die Wirklichkeit, die Türen wurden aufgerissen, grelles Licht, die meisten lebten noch, und die Männer in den sauberen Uniformen prügelten die völlig verdreckten Schatten hinaus …

So ist das also für Yaakov mit dem Essen und der Eisenbahn.

Und die, die nicht in der Omaheke gestorben waren, dunkelhäutige Skelette, wurden von den gut genährten Männern in Eisenbahnwaggons hineingeprügelt, und beim Lager wurden sie von gut genährten Männern wieder hinausgeprügelt.

So war das für die Herero mit dem Essen und der Eisenbahn.

Aber wie hätte Jürgen darüber nachdenken sollen!

Doch manchmal ist es gerade die Unschuld, die die Schuld ausmacht: unschuldige Gedanken oder Gedanken, auf die man nie gekommen wäre.

Manchmal sind es auch die naheliegenden Gedanken. Als vor ein paar Jahren einer ein Hakenkreuz an den Rolladen vor Bärbels Fenster gesprüht hat, war mein erster Gedanke, daß ich ja abhauen könnte, leugnen könnte, etwas mit ihr zu tun zu haben, mir würde man doch nichts ansehen, ich bin weiß …

39 Die Personen der Person … Wen hätte man fragen müssen, wenn man erfahren wollte, wer Georg Hilbert wirklich war? Seine Eltern, die ihre Vorstellungen hatten, wie sein Leben verlaufen würde? Die Klassenkameraden aus der Volksschule? Ein stilles Kind, oder jähzornig, einer, vor dem man auf dem Schulweg Angst hatte? Was wußte der Lehrherr über ihn? Der hätte sagen können, ob er anstellig war oder ungeschickt, ob mans ihm ein paarmal erklären mußte oder ob ers sofort begriff. Was hätten seine Kameraden aus Südwest zu berichten gewußt, was eine schwarze Frau, die unvorsichtig war und in sein Blickfeld geriet? Trinkfest? Ein Ungeheuer? Seine chinesische Geliebte, über die sich später die Familie launige Geschichten erzählte, wie kannte sie ihn? Wie sahen ihn seine Kinder? Streng, sehr streng, aber nicht ganz und gar humorlos … Wie kannte er sich selbst?

Und seine schwarze Enkeltochter, die alles über ihn wissen will, wonach sucht sie, wann wäre sie sicher, über ihren Großvater genug erfahren zu haben, um ihn zu kennen? Wann könnte sie sagen, wer ihr weißer Großvater war? Und was wäre, wenn sie es sagen könnte?

Als Bärbel und Peter sich schließlich endgültig trennten, wurden auch die Andenken an Georg Hilbert aufgeteilt. »Er bekam diesen schönen alten geschnitzten Stock, meine Großmutter hatte ihm den geschenkt. Heute ärgert mich das so, weil er solche Sachen überhaupt nicht zu würdigen wußte.« Andererseits will sie selbst heute das chinesische Porzellan verkaufen: »Ich kann das nicht mehr gut um mich haben, seit ich ahne, wieviel Blut daran klebt.«

Erzählt man von Georg Hilbert, so erzählt man zugleich auch von manchem längst vergessenen Friedrich oder Karl, der ebenfalls in Afrika das Vaterland und die Kultur verteidigt hat, von manchem Ludwig, der im Weltkrieg für den Kaiser im Schützengraben lag, von manchem Heinrich, der als Beamter dem Führer die Treue schwor, dem es bei Marschmusik leicht ums Herz wurde und der stolz zu den Hakenkreuzfahnen an der Fassade des Hauptbahnhofs emporsah.

Spricht man von Henriette Hilbert, so auch von mancher Elsbeth, die von unten her einen gezwirbelten Schnurrbart bewunderte, von mancher Paula oder Kläre, die im ersten Krieg Angst um die Geschwister hatte und im zweiten um die Kinder, und die weiter nicht viel Aufhebens davon machte, von mancher Bertha, die am Ende froh war, daß sie alle durchbringen konnte, daß die Jungen etwas lernten und die Mädchen einen Mann abbekamen, daß Enkelkinder geboren wurden und daß man sich jeden Abend in ein warmes Bett legen konnte.

Und wenn es um Bärbels Mutter geht, geht es auch um manche hungrige Gerda, um manche Marianne, die, als sie endlich wieder etwas auf den Hüften hatte, zaghaft versuchte, sich an die alten Ideale zu erinnern, und nach all dem Schlimmen glücklich war, als sie endlich den Mann fand, der sie so schlecht behandelte, wie sie es erwartete, und einmal mußte doch genug sein, nicht nur die Deutschen haben Fehler gemacht, die anderen auch, ja, die anderen auch, und die Juden, man siehts ja heute …

Ist von Grandma Rosie die Rede, so nicht nur von mancher Mary oder Sally in Mississippi oder Arkansas, sondern seltsamerweise auch von jener alten Frau, die Auschwitz überlebt und dann einen Mann heiratet, der auch Auschwitz überlebt hat, und später mit ihm und dem Sohn in einer Stadt in Westdeutschland überlebt, sie spricht nicht Deutsch, sondern nur Jiddisch, und verläßt so gut wie nie die Wohnung, und wenn, dann nur, um voller Angst durch die Straßen zu huschen und nur das unbedingt Nötige zu erledigen und wieder in die Wohnung zu fliehen, die auch nicht sicher ist, aber immerhin, sie überlebt, und sie hat einen Sohn, der überlebt …

Spricht man von Ed Ballenger, so auch von manchem Joseph oder Meredith, die als Krüppel heimkamen, und nicht nur Callie, sondern auch manche Louisa arbeitete sich den Rücken krumm.

John Ballinger war bestimmt nicht der einzige schwarze Veteran, der die Jungs nach Vietnam schickte, damit sie, wie er, es danach besser hätten, und dem Tränen in die Augen kamen, wenn er sich an manche Dinge erinnerte, oder wenn er zu lange nachdachte (und nicht der einzige mit einer Tochter in Deutschland).

Und vor ihnen waren Unbekannte in Bielefeld oder anderswo, im Alten Land oder in South Carolina oder Florida oder anderswo, ein Moussa oder Boubacar oder eine Fatoumata oder sonstwer aus dem Fouta Djallon oder vom Rio Pongo oder sonstwoher.

Und alle hatten über sich andere, Offiziere, Gauleiter, weiße oder auch schwarze Sklavenhalter, Direktoren, Bürgermeister, Dorfvorsteher, und die wiederum hatten einen Gouverneur über sich, einen Almamy oder einen Kaiser, einen Präsidenten oder den größten Feldherrn aller Zeiten …

Nichts wird harmlos dadurch, daß es in den historischen Prozeß eingeht.

An einem Sonntag im September 1963 explodierte in einer Kirche in Birmingham, Alabama, eine Bombe, die weiße Rassisten gelegt hatten, und vier schwarze Mädchen starben: Cynthia Dianne, Carol und Addie Mae waren vierzehn, Denise war elf.[84] Heute wären Cynthia Dianne, Carol und Addie Mae neunundvierzig, Denise sechsundvierzig. Sie hätten wohl Kinder und auch Enkelkinder. Es geschah, was geschah, und nichts wird sich daran mehr ändern. Aber wo ist das aufbewahrt, was hätte sein können, ihr gelebtes Leben, wenn da nicht der Mord geschehen wäre?

40 Entflohene Sklaven schlossen sich manchmal den Indianern an, den Seminolen in Florida etwa. Sie lehrten die Seminolen den Reisanbau, wie sie ihn aus ihrer Heimat in Senegambia oder Sierra Leone kannten. Es wurden Ehen untereinander geschlossen. Jetzt gab es nicht mehr nur rote Seminolen, sondern auch schwarze. Sie bauten Mais, Gemüse, Süßkartoffeln an, hielten Vieh, gingen auf die Jagd und zum Fischfang, auch waren die schwarzen Seminolen ausgezeichnete Krieger. Man lebte zusammen, und man kämpfte gemeinsam gegen die Weißen. Grandma Rosies indianische Gesichtszüge …

Zu Recht hatten die Weißen Angst vor denen in den Hütten. Aber nicht, weil es, wie sie es manchmal empfanden, darum ging, wer die weißen Frauen besaß.

Wenn die Sklaven sprachen, hatten die Sätze zwei Bedeutungen, die eine war weiß und für die Herren verständlich, die andere war schwarz und suchte die Freiheit. Die Herren konnten die schwarze Bedeutung nicht ergreifen, sie wußten nicht einmal von ihrem Dasein, und so konnten sie auch keine Belohnung aussetzen.[85]

Man sang »Mary, dont you weep, dont you mourn« und sprach damit auch die Kameraden an, die nicht traurig sein sollten, wenn man versuchte, zu fliehen, man sang »Pharaos army got drownded« und wünschte das auch seinen Verfolgern, die sich die Kopfprämie verdienen wollten. »Good news«, das war nicht nur das Evangelium, es konnte auch heißen, daß einem die Flucht gelungen war. »Wade in the Water«, da ging es nicht nur um die Taufe, sondern auch darum, den Bluthunden zu entkommen, indem man einen Fluß durchschwamm.

Ironischerweise fand man gerade im heiligen Buch der Weißen, die sich die größte Mühe gaben, den Schwarzen alles Heilige zu nehmen, die Chiffren: die Knechtschaft in Ägypten, die kannte man, und man wußte, die Mauern würden einstürzen beim Klang der Posaunen, und am anderen Ufer des Jordan, im Norden oder nach dem Tod, wäre man frei, free at last, free at last.

Zunächst heimlich, dann in aller Öffentlichkeit verborgen fanden sich die Schwarzen wieder in einer Gemeinschaft, ihrer Kirche. Hier waren die Eltern, die Kinder, das Dorf, die Sprache, hier war wieder die Welt, auferstanden wie Christus. Die Alten konnten wieder lehren, hier war die Macht, die Macht Gottes, hier war der Sinn, alle Kinder Gottes würden Kleider und Schuhe tragen, am anderen Ufer des Jordan wäre man frei, free at last.

Die Sklaven verstanden die Religion ihrer weißen Herren seltsamerweise besser als diese selbst.

Die Angst der Herren wurde größer, denn sie ahnten: man konnte den Schwarzen beibringen, den Kopf zu senken, man konnte sie lehren, sich für dumm und faul, roh und lüstern zu halten, man konnte sie Scham, Angst und Unterwürfigkeit lehren, man konnte die Mienen bezwingen und sogar Gedanken und Gefühle, und dennoch –

Der Alltag bot den Sklaven Gelegenheiten zum Widerstand. Sie arbeiteten schlecht oder zu langsam, sie stellten sich dumm, verdarben etwas, beschädigten das Werkzeug, weigerten sich oder rannten weg, auch wenn sie dafür ausgepeitscht wurden, sie legten Brände, verstümmelten die Pferde des Herrn oder sich selbst.

Sie töteten sich, um der Sklaverei zu entkommen, sie töteten ihre Kinder, um ihnen die Sklaverei zu ersparen.

Manchmal kam es zu Aufständen auf den Plantagen, wie etwa zu dem in Virginia 1831, angeführt von Nat Turner.

Schon als Kind fiel Nat Turner durch seine Intelligenz und seine außergewöhnliche moralische Stärke auf; die Gefährten entwickelten ein geradezu abergläubisches Vertrauen in seine Fähigkeiten und waren von seiner besonderen Bestimmung überzeugt.

Er wuchs heran, und es zeichnete sich ab, daß er keinen guten Sklaven abgeben würde. Er fastete, betete, las in der Bibel, hatte Visionen, hörte Stimmen, als er den Pflug führte, predigte: Nat, der Prophet.

»Petrus aber und die Apostel antworteten und sprachen: ›Man muß Gott mehr gehorchen als den Menschen.‹«[86]

In Cross Keys in Southampton County sah es aus wie überall im ländlichen Virginia, die Herrenhäuser, Blockhütten, Tabakfelder, die Sklavenhalter, Sklaven, armen Weißen, die Pferde, Hunde …

Am 21. August 1831 traf sich Nat mit sechs anderen in den Wäldern auf einer der Plantagen. Sie beschlossen, am Anfang schnell und konsequent vorzugehen, um rasch einen solchen Schrecken unter den Weißen zu verbreiten, daß später unnötiges Blutvergießen vermieden werden könnte. Anders als ihre weißen Herren töteten sie zwar erbarmungslos, aber sie quälten keinen unnötig; sie zogen von Herrenhaus zu Herrenhaus und töteten jeden Weißen. Die schwarzen Sklaven schlossen sich ihnen an, aus sieben wurden fünfzehn, dann vierzig, sechzig, sie nahmen die Waffen der Weißen mit.

Nat Turner entschied sich, Jerusalem anzugreifen, den Verwaltungssitz von Southampton County; seit Beginn des Aufstands waren achtundvierzig Stunden vergangen, fünfunddreißig Weiße waren tot. Aber eine Unterbrechung, die Nat zunächst vermeiden wollte, zu der er sich aber überreden ließ, weil man weitere Kämpfer unter den Sklaven einer Plantage rekrutieren wollte, gab den Weißen die Möglichkeit, zurückzuschlagen.

Am Ende fand Nat Turner sich allein mit seinem Herrgott, der ihm seinen Weg gewiesen hatte, an jener Stelle im Wald wieder, wo sie den Aufstand beschlossen und ihr Vorgehen geplant hatten. Dort blieb er, tagelang, wochenlang, bis sein Versteck am 15. Oktober entdeckt wurde.

Noch einmal entkam er, aber die Jagd auf ihn hatte begonnen. Fünfhundert, sechshundert Mann hetzten ihn, diesen einen, der es gewagt hatte.

Er war müde und hungrig, als ihn einer am 30. Oktober aufstöberte und das Gewehr auf ihn richtete. Nat Turner gab auf. Der Prozeß wurde ihm gemacht, am 11. November war die Hinrichtung. Nat, der wußte, was er getan hatte und warum, ging ohne Reue und seiner Bestimmung sicher in den Tod: »Hat man nicht auch Christus gekreuzigt?«[87]

41

»Natürlich bin ich immer mißtrauisch,« sagt Bärbel, »denn das eine habe ich mir vorgenommen: ich werde nicht mehr zum Opfer. Ich will kein Opfer sein, diesen Gefallen tue ich keinem mehr.« (Ein Sprichwort der Fulbe lautet: »Sei der Reiter deines Schicksals, nicht sein Pferd!«[88])

Und indem sie von sich spricht, erzählt sie zugleich unzählige Geschichten, ohne sie zu erzählen, eigene oder die von anderen, solche, die sie kennt, und solche, die sie nicht kennt. Alle erzählten Geschichten sind umgeben von so vielen, die nicht erzählt werden, noch nicht oder niemals mehr, und die doch erzählt werden könnten. Und manchmal erzählt man eine Geschichte, ohne zu bemerken, daß man zugleich eine andere erzählt, die sich darin versteckt hat, oder eine ganz andere, verborgen in dieser zweiten. Manchmal hat sich auch eine Geschichte verirrt und sitzt eingeschüchtert und frierend da, und nur, wenn man lange in der Dunkelheit sucht, erkennt man, daß da noch eine hockt.

Rosa Parks hörte auf, ein Opfer zu sein, als sie am 4. Dezember 1955 einfach nur müde von der Arbeit kam.

»Damit ein Weißer den Platz einnehmen konnte, hätte ich stehen müssen. Es war überhaupt nicht vorher geplant. Es geschah einfach so, daß der Busfahrer etwas verlangte und ich mich nicht danach fühlte, dem zu gehorchen, was er verlangte. Er rief einen Polizisten, und ich wurde verhaftet und ins Gefängnis gesteckt, später gegen eine Kaution von $100 freigelassen und am 5. Dezember vor Gericht gebracht. Dies war das Datum, an dem die Neger von Montgomery zum ersten Mal nicht mehr mit dem Bus fuhren ...«

Warum sie der Aufforderung, ihren Sitzplatz in dem Teil des Busses, der für Schwarze reserviert war, für einen weißen Fahrgast zu räumen, nicht nachgekommen sei?

»Nun, zunächst hatte ich den ganzen Tag in meinem Job gearbeitet. Ich war ziemlich müde, nachdem ich einen ganzen Tag mit Arbeit verbracht hatte. Ich bin beschäftigt und arbeite mit Kleidung, die Weiße tragen. Das kam mir nicht in den Sinn, aber das ist es, was ich wissen wollte; wann und wie würden wir jemals unsere Rechte als menschliche Wesen bestimmen?«

Also habe sie beschlossen, daß man sie nicht mehr einfach beiseiteschieben würde?

Genauso habe sie sich gefühlt.[89]

Mit der individuellen Müdigkeit von Rosa Parks begann eine revolutionäre Bewegung: der Vorfall war der Anlaß für den Busboykott von Montgomery, Alabama, und mit diesem Busboykott fing der Kampf gegen die Rassentrennung in den Südstaaten an.

42 1976, zum Beginn des Referendariats, zog Bärbel mit ihrer Freundin Theresia in eine Wohnung in der Wildenbruchstraße in Gelsenkirchen. Die Wohnung hatte eine schöne große Küche, von der aus man auf den Balkon gelangte.

Die beiden bepflanzten die Blumenkästen mit bunten Blumen und stellten einen kleinen Tisch auf den Balkon; bei gutem Wetter saßen sie dort am Wochenende und frühstückten. Vom Balkon aus konnte man das Gelände des Güterbahnhofs überblicken.

Am 26./27. Januar 1942 mußten sich auf dem Wildenbruchplatz die Juden einfinden, der erste Judensammeltransport wurde zusammengestellt, insgesamt 506 Männer, Frauen und Kinder aus Gelsenkirchen und den umliegenden Städten. Man führte sie durch die Straßen zum Güterbahnhof, dort verlud man sie in die Viehwaggons für die Fahrt zu den Vernichtungslagern im Osten. Einer, der überlebt hat, erinnert sich: »Bei 30 Grad unter Null in unbeheizten Wagen, ohne Wasser und sonstige Verpflegung, war die Fahrt eine Hölle.«[90]

Jeder, der nicht wegsehen wollte, hat hinsehen können, vom Fenster aus, vom Balkon: wie sich die Menschen auf dem Wildenbruchplatz versammelten, mit ihren Hüten und den Wintermänteln mit dem gelben Stern, mit ihren kleinen Koffern, eingeschüchterte Kinder an der Hand, jeder, der nicht wegdenken wollte, hat sich seine Gedanken machen können, als die Uniformierten sie durch die Straßen führten und auf dem Güterbahnhof in die Waggons zwängten.

Nach dem Krieg zog es die Leute in die Ruhrstädte: im Bergbau gab es Arbeit, grausam harte Arbeit zwar, und man mußte sich die Angst wegsaufen, aber immerhin Arbeit, und man hatte Fett am Essen und konnte heizen und vielleicht sogar ein bißchen träumen.

Wer noch Junggeselle war, kam richtig zu was: bei der Maidemonstration konnte er sich auf ein eigenes Motorrad setzen und stolz mit der roten Fahne vorneweg fahren. Den Vater oder Großvater, der Brieftauben züchtete, hatten vielleicht SA-Leute halbtot geschlagen wegen einer roten Fahne.

Aber vielleicht war der Vater oder Großvater auch schlauer gewesen und hatte auf seine rote Fahne den weißen Kreis mit dem

Hakenkreuz genäht, auch gut, wenn nicht Thälmann, dann eben Hitler, Hauptsache, der Arbeiter hat wieder Arbeit, Hauptsache, man kann der Frau wieder in die Augen sehen, hier, das ist die Lohntüte, der Führer hält, was er verspricht, der räumt auf in Deutschland, der räumt auf mit den Bonzen und den Bolschewiken und den Finanzjuden.

Vielleicht waren die auf den Motorrädern vor dem Demonstrationszug aber auch Jungs aus Pommern, die sich durchgeschlagen hatten, als die Russen gekommen waren, oder sie kamen von noch weiter her, aus Ostpreußen vielleicht.

Es ging einem jedenfalls gut, es gab Bauchfleisch, auf dem Brot hatte man Wurst, im Garten baute man Gemüse an, und man sagte der Frau, sie solle doch der Nachbarin ein Glas von den Gurken vorbeibringen. Man hielt Hühner und Kaninchen, Mensch, war die lecker, eine richtig fette Hühnersuppe.

Man trank immer, denn man konnte sich sein Bier und seinen Schnaps leisten, und außerdem wollte man nicht an den Kumpel denken, der mit der Hand irgendwo hineingeraten war, keiner wußte so genau, wie das passieren konnte, aber die Hand hatte böse ausgesehen, man hatte ihn ins Bergmannsheil gebracht, es hieß, die Hand müßte vielleicht ab. Man trank immer, und manchmal trank man auch ein bißchen mehr, man mußte die Feste schließlich feiern, wie sie fallen, und so jung kommen wir nicht mehr zusammen.

Die Frau fing an zu meckern. Ach, was weiß die schon, die soll ruhig sein. Wer bringt denn das Geld nach Hause?

Die Frau trank auch ihr Likörchen, aber so besoffen, wie die am Samstag wieder gewesen sind, einer hat wieder vom Krieg angefangen, einer, der sonst das Maul nicht aufmachen kann, nur wenn er besoffen ist, und als sie ihren dann endlich nach Hause geschleppt hat, hat er noch die Kinder aus dem Bett geholt, da mußte sie dazwischen, und dann ist er vorm Klo eingeschlafen. Aber er läßt sich ja nichts sagen, seufzte sie, wenn sie der Nachbarin ihr Herz ausschüttete, im Hausflur oder wenn man sich auf der Straße traf.

Inzwischen war der alte Mann auf dem Bürgersteig wieder ein paar Schritte weitergekommen. Er schaffte immer nur ein paar Schritte, dann mußte er stehenbleiben, um sich auszuruhen. Dann ging er wieder ein paar Schritte, dann mußte er sich wieder ausruhen. Die Alten hatten alle Staublunge und strengten sich an, den Tod jeweils einen mühsamen Atemzug weiter hinauszuschieben. Was nützte einem die schöne Knappschaftsrente? Sie saßen auf dem Bänkchen an der Ecke und atmeten, und irgendwann starben sie.

In den sechziger Jahren mußten die ersten Zechen schließen. Man machte sich Gedanken, und vielleicht trank man deswegen wirklich ein bißchen zu viel, vielleicht hatte die Frau doch recht. Aber sie trank doch auch ihr Likörchen.

Die richtigen Zeiten kamen nicht wieder. Es lief mal besser, mal schlechter, lange Zeit ging es einem wieder ziemlich gut, aber über die Jahre hinweg, ganz langsam, ganz allmählich, kaum, daß man es merken konnte …

Eine von diesen Städten war Gelsenkirchen.

Bei gutem Wetter saßen Bärbel und Theresia am Wochenende auf dem Balkon und frühstückten. Vom Balkon aus konnte man das Gelände des Güterbahnhofs überblicken.

Egal, Gelsenkirchen mochte schmutzig und provinziell sein, aber Bärbel würde hier auf eigenen Füßen stehen, das Referendariat, dann der Schuldienst, Aufgaben, Herausforderungen, die Arbeiterkinder, man könnte etwas bewirken.

43

Aber das Referendariat wurde eine Enttäuschung. Von den Fachleitern konnte Bärbel nichts, aber auch gar nichts lernen. Den Stoff beherrschten sie selbst nicht recht, und von Kindern und Jugendlichen wußten sie nur wenig. Um so wichtiger war es ihnen, die Referendare zu schikanieren, indem sie ihnen gegenüber eine Macht ausspielten, die sie in Wirklichkeit gar nicht hatten. In idealistischeren Zeiten hätten sie sehr gefährlich sein können, aber so spielten sie nur ein Spiel, dessen Regeln bestimmten, daß Untertanen Untertanen zurichteten, damit diese lernten, Untertanen zuzurichten.

Sie zweifelten an Bärbels pädagogischen Fähigkeiten: »Wissen Sie, wenn man als Lehrerin erfolgreich sein will, muß man entweder schön sein oder eine besondere Ausstrahlung haben. Na ja, schön sind Sie nicht gerade ...« Ob eine, äh, Farbige, äh, nein, man sprach das Wort lieber doch nicht aus, wer weiß denn schon, ob nicht vielleicht ..., ob also jemand mit einem, äh, Glasauge, nein, vielleicht sagt man es doch lieber nicht so direkt, ob sie denn überhaupt genügend Autorität hätte, um vor einer Klasse von Hauptschülern, nicht immer aus den besten Verhältnissen, sie wisse schon, ob sie also, Standfestigkeit, Durchsetzungsfähigkeit, Konsequenz, denn vor einer Klasse von Hauptschülern Schwächen, die sind erbarmungslos manchmal ... Sie redeten in Halbsätzen und legten barock verschnörkelte Theorien über den richtigen Umgang mit den Schülern dar; ein anderer Kollege würde es später ganz einfach erläutern: »Die müssen was in die Fresse kriegen, bis sie die Brötchen bloß noch lutschen können.«

Den furchtbaren Hauptschülern, anders als ihren Lehrern, machten Haut und Auge und Schwäche gar nichts aus.

Bärbel stellte sich vor die Klasse und erklärte zunächst einmal, und die Schüler fragten nach, bis sie es verstanden hatten. Ein Hornhautgeschwür, ach so, und dann mußte das Auge später herausoperiert werden? Tut das denn weh, wenn Sie abends Ihr Glasauge rausnehmen? Ein amerikanischer Soldat, ach so, und Sie kennen den wirklich gar nicht? Echt nicht? Da hatte der eine oder andere schon eine Ahnung, wie das ist, wenn jemand seinen Vater nicht kennt, schwierige Verhältnisse eben.

»Aber wenn Sie den doch gar nicht kennen, wollen Sie denn nicht mal nach ihm suchen? Ist doch schließlich Ihr Vater!«

»Ich weiß nicht, ich weiß ja gar nicht, ob er überhaupt noch lebt, und wenn, wo er leben könnte, und was er jetzt vielleicht macht ...«

Wenn das mit der Haut und dem Auge und der Schwäche dann geklärt war, konnte sie zu Deutsch oder Biologie übergehen.

Da saß zehn Jahre lang die proletarische Jugend.

Der kleine Dicke würde später den Handwerksbetrieb des Vaters übernehmen, aber jetzt war er erst mal klein und dick und rundum gescheitert und konnte nicht auf der Welt sein, ohne deswegen knallrot zu werden.

Der aus dem Kinderheim, Vater Zuhälter, Mutter Prostituierte, lernte, daß einem leichter wird, wenn man über seine Schwächen spricht; später würde er Möbelpacker werden, eine schwarze Brasilianerin heiraten, einen Kinderwagen mit einem krausköpfigen Kind über die Hauptstraße in Gelsenkirchen schieben.

Da war der Junge, dessen Eltern aus dem Kosovo kamen, und der sich eine Zeitlang auf seine germanischen Wurzeln besann, sich die Haare blond färbte und mit den Nazis herumzog; heute hat er eine Kneipe und jede Menge Woher-auch-immer-Geld.

Da war der, dessen Vater sonntags immer die Mutter ins Schlafzimmer zerrte, um sie zu vergewaltigen; wie mag es ihm heute gehen?

Einer ließ sich das Symbol der Stray Cats auf den Arm tätowieren, das war damals eine Band.

Einer, dessen Bruder ein bekannter Boxer war, arbeitete eine Zeitlang als Türsteher und brauchte manchmal die Hilfe eines Rechtsanwalts, weil er in Angelegenheiten hineingeraten war.

Eine sitzt heute im Bahnhof am Fahrkartenschalter.

Eine ist Postbeamtin.

Eine andere Krankenschwester.

Eine hat eine süße Tochter und wurde nach vielen Umwegen Physiotherapeutin.

Einer kam über Drogen in die Psychiatrie.

Einer ist aus Liebeskummer auf einen Hochspannungsmast geklettert. Er ist tot.

Einer hat mit seinem Kumpel eine Bank überfallen.

Einer, der mit den verkrüppelten Zeigefingern, der, dessen Mutter Alkoholikerin war, handelt heute mit Gebrauchtwagen.

Einer hat später seinen Meister gemacht und noch einen Meister und hat einen Mineralienhandel aufgezogen und hat Magengeschwüre und schafft Container mit Kinderkleidung und medizinischem Gerät nach Südamerika: »Von Politik hab ich keine Ahnung, aber die Kinder brauchen doch was.« Mit dem hat Bärbel in seiner Schulzeit darüber diskutiert, warum er mit den Schalke-Hooligans unterwegs war, und warum es diese Filmaufnahmen von ihm gab, die mit dem Hitlergruß.

Mädchen mit lustigen oder verschreckten Augen saßen da, blasse oder rosige, runde oder knochige Gesichter, Träume vom Prinzen oder frühe Entscheidungen, sich den Scheißprinzen zu ersparen. Und Jungs, die nach Pubertät rochen und Mopeds klauten oder auch nicht, eine Lehrstelle fanden oder auch nicht. »Alles klar, Bärbel?« Ein Mädchen wurde sogar Biologielaborantin.

Bärbels Vater würde später über die Jungs hinter seinem Haus sagen: »Respekt, das ist es, um was es geht. Zeig ihnen Respekt, und sie werden dich respektieren.«

Bärbel unterrichtete Biologie. Mitten in der Stunde sagte einer der Schüler in den Raum hinein: »Fury, wie wärs mit einem kleinen Ausritt?« Damals kannte noch jeder das Pferd aus dem Fernsehen: aus einer anderen Ecke des Klassenzimmers antwortete einer mit einem freudigen Wiehern.

Ein anderes Mal saßen, als Bärbel in den Unterricht kam, die Schüler auf den Fensterbänken und sangen fröhlich: »Alle wolln dasselbe, Kampmann in die Elbe!«

(Man konnte sich sicher sein, daß bei solchen Szenen die Lehrerin am lautesten lachte.)

Die Unglücklichen ganz besonders, die Verletzten, die, bei denen sie ahnte, daß sie verlorengehen würden, die Einsamen, und les enfants terribles …

Aber wie will man einer helfen, die nach der Stunde auf dem Flur wartet: »Kann ich Sie mal sprechen?« Und die erzählt, warum sie damals ins Heim gekommen ist: »Weil mein Vater bei mir da unten was gemacht hat ...«, die sich dabei fast krümmt vor Scham, »und jetzt, wo ich einen Freund habe, und den liebe ich, den will ich nicht verlieren, und der will auch da unten bei mir, aber ich bin jetzt so verklemmt ...«

Oder einem, dessen Vater die Mutter zerhackt und die Stücke in der Kühltruhe aufbewahrt hat?

Und dann sah sie sich während der Versetzungskonferenz im Lehrerzimmer um, sah sich die Gesichter der Kollegen an, die gezeichnet waren vom Amtlichen Schulblatt und vom Gemeinsamen Amtsblatt.

Der Rektor immerhin war in Ordnung, er leitete die Konferenzen rituell mit dem Satz ein: »Meine Damen und Herren, die Schule ist nicht dazu da, die Ungerechtigkeit, die die Gesellschaft den Kindern zuteil werden läßt, zu vergrößern, sondern sie zu verringern. Denken Sie daran, daß Sie vielleicht der einzige Anwalt sind, den diese Kinder haben.« Den Lehrer, dessen Schüler heulend aus der Klasse kamen, weil sie die Vokabeln nicht gewußt hatten und deswegen wieder Kniebeugen machen mußten, fragte er, ob er nicht wenigstens die Schule wechseln wolle.

Alles in allem begriff Bärbel bald: eine Zeitlang gings als Lehrerin, aber bestimmt nicht für immer. Das Medizinstudium, für das sie sich bewarb, wurde ihr nicht genehmigt, also studierte sie neben dem Schuldienst Psychologie.

Morgens ging sie in die Schule, nachmittags fuhr sie an die Uni in Bochum zu den Seminaren. Von den Vorlesungen, die am Vormittag stattfanden, ließ sie sich von den Kommilitonen die Skripte geben.

Mit den Studieninhalten konnte sie ohnehin nicht viel anfangen. In einem Buch mit dem Titel »Theorien des Lernens« hieß es etwa: »Der Begriff ›empirischer Gradient‹ ist eine nützliche Bezeichnung für die wirklich gefundenen Gradienten. Zunächst traf man eine Unterscheidung zwischen dem Verstärkungsgradienten (als Gradient für die Gewohnheitsverstärkung) und dem Zielgradienten (als Auswirkung auf das Verhalten), eine Unterscheidung, die zunächst von Miller und Miles (1935) vorgeschlagen worden war. Als jedoch der Verstärkungsgradient nicht mehr als Grundgröße aufgefaßt wurde, sondern selbst der Ableitung bedurfte, hielt Hull die bisherige begriffliche Trennung des Verstärkungsgradienten vom Zielgradienten nicht länger aufrecht.«[91] Genau! Genau das wollte man wissen! Man mußte es nur noch auf das Mädchen anwenden, dessen Vater bei ihr da unten was gemacht hat, und vielleicht würde es auch dem Jungen helfen, seine zerhackte Mutter wieder zusammenzusetzen.

»Ich weiß zwar heute nicht mehr, wie ich das geschafft habe, woher ich die Kraft genommen habe, vormittags in die Schule und nachmittags an die Uni, ohne daß mein Unterricht darunter gelitten hätte, aber auch das zweite Studium war ein Aufbruch für mich.« Es gab eine Welt jenseits des Lehrerzimmers, eine Welt, in der sie sich zur lauten Musik der Rockband die Seele in den Leib tanzte.

44 Ob sie die Leitung der RAA Gelsenkirchen übernehmen wolle, die wieder eröffnet würde? Sie habe doch die Doppelqualifikation als Lehrerin und Diplom-Psychologin, damit wäre sie sehr gut für diese Aufgabe geeignet.

RAA, was das denn heiße? Die Regionale Arbeitsstelle zur Förderung ausländischer Kinder und Jugendlicher, es sei ursprünglich ein Modellprojekt gewesen und werde jetzt eine Regeleinrichtung.

Auf einer Autofahrt über die Berliner Brücke fragte sie: »Was meinst du, soll ich das machen?«

»Und deine Schüler?«

Sie entschied sich für das Angebot. Ausländische Kinder und Jugendliche?

Ich schreibe dir auch. Ich werde nicht lange dort bleiben. Ich komme bald zurück, das verspreche ich dir. Oder hole dich zu mir, sobald ich in Deutschland etwas Richtiges gefunden habe, bestimmt, sobald ich kann, werde ich dich holen. So lange ich noch in diesem Wohnheim lebe, geht es noch nicht.

Wir werden nicht lange bleiben. Aber wir werden hart arbeiten. Von dem Geld werden wir uns im Dorf ein schönes Häuschen bauen, und alle werden uns dann beneiden; sieh mal, werden sie sagen, das sind die, die es in Deutschland zu etwas gebracht haben.

Und sie blieben nicht lange, nur ein Jahr und noch eins, nur fünf Jahre, zehn, fünfzehn, fünfundzwanzig …

Der eine bemühte sich, lächelte freundlich. Man muß sich eben anpassen als Gast, die Deutschen sagen ja auch: Gastarbeiter, und wenn man als letzter kommt, muß man eben die schlechtere Arbeit machen. Aber der Chef sagt, du bist mein bester Mann, weil er es nie so genau genommen hat mit dem Feierabend und in all den Jahren nicht krank war. Die Wohnung ist schön, das Auto ist groß, und aus dem Sohn soll was werden, deswegen soll der in der Schule gut aufpassen. Und dann geschah es, der Arbeitsunfall, eine kleine Sache, sollte man meinen, nur eine Platzwunde am Kopf, aber innen drin, da muß was kaputtgegangen sein, etwas, das die Ärzte nicht fanden, aber er merkte doch, daß etwas nicht in Ordnung war, daß der Kopf nicht mehr funktionierte, auch der Körper nicht, er war kaputt, endgültig kaputt, und die Ärzte fanden nichts, sagten sie.

Ein anderer, einer, auf den die deutschen Kollegen nichts kommen ließen, baute wirklich das Haus im Dorf, und jedes Jahr im Urlaub fuhr er mit der Familie dorthin; schade nur, daß die Kinder die Sprache so schlecht verstanden.

Wieder ein anderer trat aus der katholischen Kirche aus, denn nachdem er die Broschüre gelesen hatte, wußte er: die katholische Kirche, das war die Hure Babylon. Er besuchte regelmäßig die Versammlungen im Königreichssaal und erklärte auch Luigi oder Gianni oder den anderen, was Jehova denen verheißen hatte, die seine Gebote befolgten, den 144 000, von denen die Bibel sprach.

Und noch ein anderer trank Raki und ging in die Teestube und spielte, spielte, verspielte, versuchte wieder sein Glück und verspielte noch mehr, trank dann, verspielte mehr, mehr und mehr – bis er zur Besinnung kam, nachdem er mit dem Hodscha gesprochen hatte. Gott sei gelobt! Er trank nicht mehr, er betete, er fastete, er ging in die Moschee. Deutschland, sagte der Hodscha, das sei verdorben, verrottet, und man müsse auf die Söhne und Töchter achtgeben, damit sie nicht wie die Ungläubigen würden, vor allem auf die Töchter müsse man achtgeben ...

Mancher baute im Garten Gemüse an und sagte seiner Frau, sie solle doch der Nachbarin ein Glas von den eingelegten Tomaten vorbeibringen.

Der eine oder andere lernte Skat und wunderte sich, wenn er das Wort »vergasen« aufschnappte, denn er war doch gar kein Jude.

Ausländische Kinder und Jugendliche, das waren deren Kinder und Enkel.

»Manche von ihnen hatten einen Schulweg von ein paar tausend Kilometern: jeden Morgen mußten sie die Strecke von einem anatolischen Dorf in eine deutsche Großstadt zurücklegen. Ich erinnere mich an M,« erzählt Bärbel, »ein hübsches neunjähriges Mädchen. Man war an die Regionale Arbeitsstelle herangetreten: das Kind habe Schulprobleme.

Daraufhin habe ich mit einer Übersetzerin einen Hausbesuch bei der Familie gemacht. Eine kleine Drei-Zimmer-Wohnung mit Kelims, wir saßen auf Sitzkissen an einem niedrigen Tischchen. Die Mutter, eine runde gemütliche Frau, die mich ein bißchen an meine Oma erinnerte, hockte am Boden und rollte auf einem Brett Fladen für Lahmacun aus; wir haben lange miteinander geredet, die Frau servierte mir Tee und bot mir, als sie fertig waren, einen dieser heißen Fladen an.

Einige Tage später habe ich M auf dem Schulfest ihrer Grundschule wiedergesehen. Es gab ein Programm für die Eltern und Besucher. Mit einigen Kindern hatte man dafür so etwas wie die Mini-Playback-Show einstudiert. Irgendso ein Popsong dudelte aus dem Lautsprecher, und vorne auf der Bühne tanzte M zusammen mit einem anderen türkischen Mädchen, sexy hergemacht, im knappen Top, bauchnabelfrei ... Ich habe mich furchtbar geschämt.«

Ausländische Kinder und Jugendliche, das waren auch die Kinder aus den libanesischen Flüchtlingsfamilien.

Sami, er mag etwa zehn sein, spielt auf dem verschneiten Schulhof. Er rennt los, taumelt plötzlich, dreht sich ein paarmal, fällt zu Boden und bleibt liegen. Er spielt »Erschossen werden«.

Mohamed malt einen Panzer, einen Mann mit einem Gewehr, einen anderen, der so etwas wie einen Stab oder einen Keil in der Hand hält. Ganz aufgeregt erklärt er: »Mann bumm, das kein Stock, das Messer.«

Bärbel, sich an Makarenko erinnernd, weist die Kinder an, sich für den Marsch zur Turnhalle in Zweierreihen aufzustellen, dann gibt sie das Kommando, loszugehen. »Sie marschieren wirklich! Stampfende Schritte und ein Anführer brüllt dazu: One, two, one, two ...«[92]

Bärbel beobachtete und betreute diese Kinder, einzeln, in Gruppen, in der Schulklasse, beriet Lehrer und Sozialarbeiter. Die RAA erstellte für die völlig überforderten Lehrer eine Handanweisung: Informationen über den Bürgerkrieg im Libanon, in dem am Ende jeder gegen jeden kämpfte und keiner mehr so recht wußte wozu, Informationen über die Biographie von Kindern, für die Kalaschnikows und gefesselte Leichen an einer Gartenmauer etwas Alltägliches waren, pädagogische Ratschläge und Hinweise.

»Wir können davon ausgehen, daß keines der Kinder, die wir hier betreuen, psychisch gesund ist. Sie sind depressiv, aggressiv, regressiv, körperlich krank, haben Schußwunden usw. Sie sprechen völlig gelassen vom Töten, haben häufig selbst schon Waffen getragen und sind mit den verschiedenen Milizen mitgezogen. Sie wissen nicht, wer warum ihr Feind war, das Bild konnte sich täglich ändern. ... Sie sind mit einer sehr geringen Frustrationstoleranz ausgestattet, d.h., wann immer wir ihnen etwas verweigern, wird das dramatische Auftritte mit teilweise körperlicher Auseinandersetzung zur Folge haben, denn wozu auch verzichten, morgen könnte man schon tot sein. Das Trauma der Erlebnisse im Libanon wird teilweise noch vergrößert durch das, was sie an Wanderungsprozessen hier in der Bundesrepublik mitmachen müssen.« Ein Beispiel dafür: »1984 Ankunft in der Bundesrepublik. Ali ist 10 Jahre alt. Er lebt eine Woche in Helmstedt, eine Woche in Braunschweig, ein Jahr und ein Monat in Lüneburg. Besucht dort keine Schule. Dann folgen zwei Monate in Cuxhaven. Im Dezember 1985 kommt Ali mit seiner Familie nach Gelsenkirchen, wo er ca. 1 Jahr wohnt, um dann wieder nach Cuxhaven zurückzukehren. Seit 1987 lebt Ali wieder in Gelsenkirchen. Er hat bis jetzt noch keine Schule besucht. ... Wie sollen Kinder mit diesem Erfahrungshintergrund bei solchen Wanderungsprozessen die deutsche Sprache lernen, sich an Regeln gewöhnen oder gar stabile menschliche Beziehungen aufbauen?«[93]

Fünf Jahre später, 1993, schrieb sie in der Einleitung zu einem anderen Leitfaden: »Als wir 1988 den Band ›Kinder und Jugendliche aus dem Libanon als menschliche und pädagogische Herausforderung‹ schrieben, ahnten wir noch nicht, daß wenige Jahre später Flucht, Wanderungsbewegungen, Rassismus und Gewalt zu unseren zentralen Themen gehören sollten. Flüchtlinge aus Afrika, dem ehemaligen Jugoslawien, der Türkei, aus vielen fernen Ländern leben oft unter zum Teil menschenunwürdigen Verhältnissen mit uns. ... Wir sind gezwungen, in unserem alltäglichen Handeln menschlich und politisch Stellung zu beziehen. Für uns ist es selbstverständlich, daß Flüchtlingskinder in unsere Schulen aufgenommen werden, auch wenn ihr soziokultureller Hintergrund, ihre traumatischen Erfahrungen, ihre aktuelle Lebenssituation eine Beschulung im herkömmlichen Sinne erschweren.«[94] (Nebenbei: Sie mußte betonen, es sei selbstverständlich, weil es eben nicht mehr oder nicht für alle selbstverständlich war. Das Asylrecht wurde schließlich durch eine Grundgesetzänderung fast abgeschafft.)

»Die besonderen psychischen Bedingungen des Kindes, das ja auch psychosozial noch in der Entwicklung begriffen ist, verlangen Stabilität und Kontinuität von Beziehungen und Überschaubarkeit von Situationen und Räumen – all das ist bei einer Flucht nicht gegeben. ... Sind der Flucht Kriegs- und Krisensituation, Hunger, Krankheit, Lagerleben usw. im Heimatland vorausgegangen, war das Kind einer anhaltenden Traumatisierung ausgesetzt ... Es wird an den körperlichen und seelischen Folgen vermutlich sein Leben lang zu tragen haben.«[95]

Das Motto hat für diesen Leitfaden hatte sie von den Bremer Stadtmusikanten:

»Zieh lieber mit uns fort,
wir gehen nach Bremen,
etwas Besseres als den
Tod finden wir überall.«

45 »Der Rassismus«, sagte Bärbel der Journalistin, »war in Deutschland immer da, als Folge des nicht bearbeiteten Hitlerfaschismus, und es wird ihn geben, solange es diese Gesellschaft gibt. ... Von der Regierung hört man: Wir verurteilen aufs schärfste die Anschläge auf Asylbewerberheime, aber der Mißbrauch des Asylrechts ... Im Klartext heißt das doch: Umbringen dürft ihr sie nicht, aber alles andere ist erlaubt.«[96]

Der SPIEGEL beispielsweise hatte am 9. September 1991[97] als Titelbild eine Karikatur eines überfüllten Bootes: »Flüchtlinge – Aussiedler – Asylanten: Ansturm der Armen«.

Eine Graphik im Heft zeigt, wie von allen Seiten Keilspitzen das deutsche Territorium attackieren (die Keile sollen Menschengruppen aus unterschiedlichen Herkunftsländern symbolisieren), entsprechende Fotos und Sätze, eingestreut in einen Text, der scheinbar sachlich die Gefahren schildert, machen die Meinung deutlich, die man schon hat und doch erst schaffen muß: »Den reichen (und auch den nicht so reichen) Mitteleuropäern droht ein Ansturm der Elenden und der Glücksritter aus aller Herren Länder. ... Schon denken einzelne Politiker über den Einsatz von Militär nach, um den Ansturm abzuwehren. ... Nur an den Grenzen, darin stimmen Sicherheitsexperten mittlerweile überein, läßt sich die illegale Einwanderung effektiv abwehren.«

46 In Düsseldorf gebe es ein Zentrum, das manchmal Gelder zur Verfügung stellen könne für die Arbeit mit Flüchtlingen, ob sie sich nicht diesbezüglich an den Leiter der Einrichtung wenden wolle, einen Herrn Diallo. Ein Italiener, dachte Bärbel, der Name klingt italienisch.

Sie rief ihn an. Er hatte Interesse und wollte nach Gelsenkirchen kommen, um sich über die Arbeit mit den libanesischen Kindern zu informieren. Gut, Bärbel würde ihn vom Zug abholen.

»Sie können mich gar nicht verfehlen, ich sehe nämlich aus wie eine Negerin.« Damals machte sie sich über solche Formulierungen noch nicht viele Gedanken.

Halb amüsiert, halb gekränkt entgegnete Herr Diallo: »Das trifft sich ja gut, ich bin nämlich ein Neger.«

So traf sie auf dem Gelsenkirchener Hauptbahnhof Jean-Claude Diallo, ehemals Informationsminister der Republik Guinea. Seltsam, jemanden wiederzuerkennen, dem sie doch nie zuvor begegnet war!

Seine Haut hatte genau die gleiche Farbe wie ihre, aber während er wirklich ein Neger war, sah sie bloß aus wie eine Negerin. Darüber wunderte sie sich selbst, es irritierte sie und ließ ihr keine Ruhe mehr. Seltsam, sich selbst wiederzuerkennen, als wäre man sich nie zuvor begegnet!

Auf der Treppe blieb er vor ihr stehen, drehte sich um und sagte: »Ich könnte doch eigentlich ihr Bruder sein, oder?«

Allerdings, das könnte er. Auch in Boffa würde man Bärbel schließlich für Jean-Claudes Schwester halten, und ihrem Vater, als er jünger war, sieht Jean-Claude, wie gesagt, zum Verwechseln ähnlich.

47 Über das Wort »Neger« würde sie später nachdenken:

»Das ist ein Wort, das die Unterdrücker für uns geprägt haben, ein rassistisches Wort. Deswegen wollen wir nicht mehr ›Neger‹ genannt werden, akzeptiert das doch endlich! Und außerdem bin ich es leid, daß mir irgendwer erzählt, ich sollte doch nicht so auf der Thematik ›Rassismus‹ herumreiten, so schlimm wäre es doch heute gar nicht mehr, und so einseitig dürfe man das doch nicht darstellen, und ›Neger‹ sei doch ein ganz neutrales Wort der deutschen Sprache, und am Ende dürfe man als Weißer gar nichts mehr sagen, so ginge es doch auch nicht, das wäre doch geradezu schon der umgekehrte Rassismus!

Ich kanns nicht mehr hören, wenn irgendeine wohlmeinende blonde oder rothaarige Frau meint, mir erklären zu müssen, daß ich so schwarz doch gar nicht wäre, und ihr wäre gar nichts Besonderes an mir aufgefallen, ich sollte doch nicht so überempfindlich sein, manches, was die Leute sagen, sei doch gar nicht so gemeint, man könnte auch aus einer Mücke einen Elefanten machen, und andere hätten schließlich auch Schwierigkeiten im Leben.

Am besten war eine, die allen Ernstes meinte, sie könne gut verstehen, wie ich mich manchmal fühlen würde, sie selbst sei schließlich adliger Abstammung und deswegen auch oft diskriminiert worden.«

Als die rassistischen Pogrome, die Brandanschläge und Überfälle in Deutschland etwas Alltägliches wurden, begann Bärbel, sich mit Rassismus theoretisch auseinanderzusetzen (auch, weil man kein Opfer mehr ist, wenn man etwas begriffen hat).

»Der Rassismus gehöre der Vergangenheit an, der schlimmen Vergangenheit, mit der wir Gott sei Dank 1945 so radikal gebrochen haben, daß wir uns nur noch bei Gedenktagen daran erinnern müssen – schön wärs! Das Gegenteil ist der Fall: Er ist allgegenwärtig, er prägt unser gesellschaftliches und persönliches Leben, und das um so mehr, je weniger wir uns damit konfrontieren wollen.«

Sie versuchte, eine systematische Übersicht über Verankerungen und Funktionen des Rassismus zu erstellen, und übernahm zunächst die Definition von Castles: »Rassismus ist der Prozeß, wodurch soziale Gruppen aufgrund physischer oder kultureller Merkmale andere Gruppen als unterschiedlich bzw. minderwertig kategorisieren. Der Prozeß schließt die Anwendung wirtschaftlicher, sozialer und politischer Macht ein und hat häufig den Zweck, die Ausbeutung bzw. den Ausschluß der kategorisierten Gruppen zu rechtfertigen.«[98]

Der Rassismus, stellte sie fest, sei im Gefüge der Gesellschaft verankert, finde sich in ihren Strukturen und Institutionen, in der Gesetzgebung etwa oder auf dem Arbeitsmarkt. Die vorherrschenden Ideologien seien durch ihn geprägt, die gesellschaftlichen Vorstellungen, die Kultur als Ganzes. Und schließlich, durch die Übernahme dieser bestimmenden Bilder und Stereotypen im Verlauf der Sozialisation, forme er auch das Bewußtsein der Einzelnen.

Der Rassismus habe politische Funktionen bei der Sicherung von Herrschaft und der Verschleierung gesellschaftlicher Widersprüche, er habe soziale Funktionen, indem er Sündenböcke definiert und den Aufbau einer kollektiven Identität fördert, und schließlich auch individuelle: man kann die eigene Person aufwerten, Angst abwehren, unerwünschte Aspekte der eigenen Person den anderen zuschreiben, man findet Erklärungen für eine Welt, die man sich kaum noch erklären kann.

»Wir müssen realisieren,« schrieb sie in einem Aufsatz, »daß alle europäischen Länder mehr oder weniger von Rassismus geprägt sind ... Trotz der Greueltaten des Hitlerfaschismus ist Rassismus nach wie vor ein konstanter Faktor in der deutschen Gesellschaft. Er drückt sich institutionell, strukturell und individuell aus. ... Daher wundert es niemanden, daß alle schwarzen Deutschen, egal, wann und wo sie geboren sind, Erfahrungen mit Diskriminierung und Rassismus haben. ... Was sich lediglich verändert hat, sind die Formen, in denen der Rassismus zum Ausdruck gebracht wird. Während meiner Kindheit – der Zweite Weltkrieg war gerade vorbei – habe ich „nur« feindselige, verachtende und haßerfüllte Blicke erlebt. Heute werden Schwarze körperlich angegriffen und verletzt.«[99]

Im August 1963 war Bärbels Vater dabei, als Martin Luther King vor dem Lincoln Memorial die Rede hielt: »Heute sage ich euch, meine Freunde, trotz der Schwierigkeiten von heute und morgen habe ich einen Traum.«

Inzwischen lesen auch in Deutschland die Schüler im Englischunterricht diese Rede. »Bitte übersetzen und erörtern Sie den Text, glaubt eigentlich irgendjemand, das könnte etwas bewirken?« fragt Bärbel bitter. »Die Schwarzen haben den Scheck noch immer nicht eingelöst bekommen, in den Staaten nicht und hier auch nicht. Und ›schwarz‹, das ist keine Sache der Hautfarbe, es ist etwas Politisches. In den Staaten sinds auch die Illegalen aus Mexiko und Mittelamerika, die Native Americans, hier sinds die Türken, die Roma ... Nein, der Scheck ist nicht eingelöst. Aber wenn die Reden erst einmal Geschichte sind ...«

Am 4. September 1998 etwa berichten die Zeitungen[100], daß ungefähr zehn Jugendliche einen Mann aus Mosambik durch Halle-Neustadt gehetzt haben. Er flehte Passanten an, er schrie um Hilfe, aber es hieß bloß, daß man Wichtigeres zu tun habe. Die Jugendlichen jagten ihn weiter, riefen »Neger! Neger!« Als sie ihn schließlich zu fassen bekamen, schlugen sie mit ihren Baseballschlägern auf ihn ein und stachen zu, ins Gesicht, immer wieder. Er wurde schwer verletzt, vielleicht wird er nicht mehr richtig sehen können. Er lebt seit zehn Jahren in Halle, ist verheiratet und hat vier Kinder.

Am 11. September 1998 berichtet die Westdeutsche Allgemeine[101]: »14 Jugendliche haben eine 20jährige Farbige in der Nähe von Zwickau stundenlang mißhandelt. Sie entführten die 20jährige Deutsche, drohten mit Vergewaltigung und führten Scheinerschießungen durch. Die Täter im Alter von 16 bis 21 Jahren gehören der rechtsradikalen Szene an.«

Das sind zwei Beispiele aus einer Woche, Beispiele für all die, die zusammengeschlagen, ins Gesicht getreten, aus der Straßenbahn oder S-Bahn geworfen werden, die Schädelbrüche haben, erblinden, querschnittsgelähmt sind ...

48

»Ich habe mir doch so sehr Geschwister gewünscht. Ich war mit meinen Erfahrungen alleingelassen, isoliert. Nein, Uschi war mir in dieser Hinsicht so fern wie alle anderen. Wir sind zwar gemeinsam durch dick und dünn gegangen, aber es war eben etwas anderes.«

Natürlich war das etwas anderes: die Hautfarbe. Ein großer schwarzer Bruder zum Beispiel, der die anderen Kinder verprügelt hätte!

Den gab es jetzt: Paß bloß auf, du, ich habe einen großen Bruder, der heißt Jean-Claude, und wenn du nicht sofort aufhörst, dann hol ich den, der haut dich dann! Jean-Claude! Jean-Claude, komm mal her, der hier läßt mich nicht in Ruhe!

Ein großer Bruder ... ein großer starker Bruder aus Afrika ... Sie tastete nach diesem Gedanken und zog sofort die Hand wieder zurück, als sei sie dabei, etwas Verbotenes zu tun. Dann, langsam, langsam, streckte sie die Hand wieder vor und griff ganz schnell zu: bevor die Gelegenheit vorbeigeht! Sie hob den

Gedanken auf, strich über die Oberfläche, wog ihn in der Hand, betrachtete ihn von allen Seiten, schüttelte ihn, um zu hören, welche Geräusche er abgab, befühlte ihn von neuem, roch daran – ein Bruder ... wenn er mein Bruder wäre ... einen großen Bruder habe ich jetzt, einen großen starken Bruder aus Afrika ...

Na, da wollen wir doch mal sehen! Sie ging ganz keck durch die Straßen, so wie eine eben, die einen Bruder hat. So wie eine Dreizehnjährige, die einen Bruder hat.

»Verstehst du das? Du bist doch nicht eifersüchtig, oder?« fragte sie mich.

Kann man auf einen Bruder denn eifersüchtig sein? Er hat doch die älteren Rechte.

»Ich habe einen Bruder gefunden. Er kommt aus Afrika, aus Guinea.« Auf eine solche Weise war sie noch nie in der Welt gewesen, sie hatte jetzt eine andere Macht, da zu sein, eine größere Macht.

»Wir haben bei uns ein Sprichwort,« hatte Jean-Claude ihr gesagt, »das lautet: Ein Stück Holz kann noch so lange im Wasser liegen, es wird nie ein Krokodil daraus.«

49 Nach den Intellektuellen, den Händlern und Geschäftsleuten, den Militärs, den unliebsamen Parteikadern, den Fremden brauchte das Regime im Juli 1976 wieder einmal Staatsfeinde, diesmal sollte es ein ganzes Volk sein.

»Ich erkläre den Fulbe den Krieg!« rief der Diktator im Rundfunk.[102]

Derselbe Mann, Sékou Touré, hatte 1958 zu de Gaulle gesagt: »Wir haben, was uns betrifft, ein erstes und unentbehrliches Bedürfnis: das nach unserer Würde. Nun gibt es aber keine Würde ohne Freiheit ... Wir ziehen die Freiheit in Armut dem Überfluß in der Sklaverei vor.«[103] Die Zuhörer applaudierten begeistert, dies war die Grabrede für die französische Kolonialherrschaft,

Sékou Touré wurde Präsident der unabhängigen Republik Guinea.

Aus der ganzen Welt kamen Menschen ins Land, die in Guinea mithelfen wollten, die Hoffnungen Westafrikas zu verwirklichen, es waren Lehrer dabei von den Antillen, aus Belgien, Frankreich, aus Vietnam, aus Mali, dem Senegal, der Elfenbeinküste, aus Obervolta (dem heutigen Burkina Faso), aus Nigeria ...

Aber sie irrten sich wie die Völker Guineas, die Sékou Touré zugejubelt hatten: dem Präsidenten ging es nicht um die Menschenwürde, sondern um Macht; der neue Staat wurde ein Staat der Willkür, der hysterischen Kampagnen, der persönlichen Bereicherung, der Folter, der heimlichen und öffentlichen Hinrichtungen.

Von den Bergen her konnte man die Schüsse hören. Im Camp Boiro, dem großen KZ in Conakry, schrieb der Wächter mit Kreide ein D auf die Zellentüren, das hieß »diète noire«, schwarze Diät. Den Gefangenen hinter den Türen mit dem D gab man einfach keine Nahrung mehr und nicht einmal Wasser. Sie baten und flehten, riefen zu Gott um Hilfe, schrieen, jammerten, verstummten schließlich und starben.

»Ich erkläre den Fulbe den Krieg!« Der Diktator meinte, was er sagte.

Der Schrecken endete erst 1984, nach dem Tode Sékou Tourés und der Machtübernahme durch das Militär unter Lansana Conté.

Sofort, nachdem G sein Jurastudium abgeschlossen hatte, machte Sékou Touré ihn zum Gerichtspräsidenten.

Morgens, bevor er Recht sprechen ging, erkundigte er sich im Vorzimmer des Präsidenten, welches Urteil er über wen fällen sollte; auf dem Weg in den Gerichtssaal konnte er sich dann die Begründung für das Urteil überlegen.

Agenten fremder Mächte, Verschwörer, Imperialisten, Saboteure, Feinde Guineas, Feinde der Revolution und des Volkes, Reaktionäre ... G, der es nicht aushielt, aber auch keinen Weg heraus fand, fing an zu trinken, um G bleiben zu können.

Wenn man ihm später dabei zusah, wie er mit der kleinen Tochter der Köchin an der Hand vorsichtig die Treppe hinabstieg, mußte man ihn gern haben, auch wenn man versuchte, sich daran zu erinnern, daß er Gerichtspräsident gewesen war.

Als das Militär die Macht übernahm, befreite Conté sofort die Gefangenen aus dem Camp Boiro und den anderen Lagern. Wieder einmal vertrauten die Leute auf jemanden, wieder einmal jubelten Zuhörer, die Flüchtlinge kehrten aus dem Ausland zurück.

Aber zu viele waren erschlagen, erschossen, lebendig begraben, verhungert, verdurstet, zu viele hatten gelernt, zu lügen, zu denunzieren, zu spionieren, sich zu bereichern, zu hassen, zu verhaften, zu foltern, Augen zu verbinden und dann zu schießen.

Conté wollte neu beginnen, holte andere Leute in die Ämter, in die Regierung (auch Jean-Claude Diallo, zunächst als Minister für die Rückkehrer, dann als Informationsminister), sie waren enthusiastisch, unerfahren, manche waren einfache Leute, nicht gebildet und unerfahren, unsicher, gutwillig, verführbar – und bald kamen wieder die Gerissenen hinzu und die, die schon unter Sékou Touré ihre kleinen und großen Privatgeschäfte gemacht hatten, und bald saß auch neben jedem Minister oder Staatssekretär, neben jedem, der etwas zu sagen hatte in Armee oder Verwaltung oder bei der Vergabe von Lizenzen oder Aufträgen, wieder ein französischer Berater, das Land hatte Rohstoffe.

Wieder Korruption, Ausplünderung, Veruntreuung, ethnische Konflikte, Armut, Schmutz, Hunger, Prügel … Nach einer gescheiterten Rebellion gegen Conté stellte man im Ausland Fragen wegen der Fernsehaufnahmen von Männern, die gefesselt am Boden lagen mit Stiefeln im Genick, und Jean-Claude wurde als Informationsminister losgeschickt, um Stellungnahmen abzugeben: natürlich achte man in der Republik Guinea die Menschenrechte, man achte sie ganz besonders, mehr als anderswo, die Lage der Menschenrechte in der Republik Guinea sei geradezu vorbildlich.

Nachdem ein Regierungsprogramm, das mit staatlicher Hilfe

für Händler die Nahrungsversorgung in dem heruntergewirtschafteten Land sichern sollte, das PLC (Programme libre commerce), sehr schnell und ohne vernünftige Begründung wieder zurückgenommen worden war, trat Jean-Claude während eines Aufenthalts in der Schweiz als Minister zurück. Im Radio erklärte er, daß er nicht nur wegen der PLC-Affäre zurücktrat, sondern weil es in Guinea insgesamt »unmöglich zu arbeiten« war. Die Entscheidungen wurden willkürlich und aufgrund ganz persönlicher Interessen getroffen. »Ein Minister«, schrieb ein Journalist, »hatte einen Kühllastwagen als Geschenk angenommen, während andere mit Videos zufrieden waren.«[104]

Daß er nicht in Guinea, sondern während eines Auslandsaufenthaltes zurücktrat, legten ihm sogar manche Oppositionelle als Verrat aus, aber schließlich hatte er kein Interesse an Schlägen oder gar an Schlimmerem, weder für sich selbst noch für seine Familie.

So beschimpfte man ihn eine Zeitlang in der Presse und erwähnte ihn dann nicht mehr. Conté, der ihn immer väterlich behandelt hatte, blieb ihm weiterhin auf eine seltsame Weise zugetan, und nach ein paar Jahren des Einreiseverbots kann Jean-Claude inzwischen wieder unbehelligt ins Land, der Erzbischof von Conakry hat vermittelt.

50 Wenn man erst einmal einen Bruder hat, kann man sich manches trauen. Wer einen Bruder hat, kann vielleicht sogar irgendwann – irgendwann, nicht sofort, um Gottes Willen, irgendwann erst! – einen Vater haben. Den Vater, nach dessen Namen zu fragen sie sich immerhin schon getraut hat.

»Aber wenn Sie den doch gar nicht kennen, wollen Sie dann nicht mal nach ihm suchen? Ist doch schließlich Ihr Vater!« hatten die Schüler immer wieder gefragt. Aber genau das war ja das Problem: ist doch schließlich mein Vater! Den Schülern gegenüber hatte sie sich herausgeredet, und denen hatte das genügt.

Von der Angst und der Scham und der Angst vor der Scham und der Scham wegen der Angst hatte sie nicht gesprochen, davon hatte sie ja selbst kaum etwas gewußt.

Was wäre denn, wenn er alles abstreiten würde? Was wäre, wenn er nichts mit ihr zu tun haben wollte? Wenn er als Trinker auf der Straße geendet wäre? Wenn er verheiratet wäre? Wenn er längst tot wäre? Wenn sie ihm doch begegnen würde und irgendetwas Unausdenkbares geschähe, dessen sie sich noch mehr schämen müßte?

Aber warum schämte sie sich überhaupt?

Die Zeit sei schließlich reif gewesen, sagt Bärbel. Nachdem sie in Jean-Claude den großen Bruder aus Afrika gefunden hatte, lernte sie andere schwarze Deutsche kennen, solche, die wie sie zu den 3093 gehörten, die laut Frau Dr. Rehling (CDU) »ein menschliches und rassisches Problem besonderer Art darstellen«, aber auch jüngere, und auch Theodor Michael.

»Ich war ja so isoliert damals: so viel ich weiß, das einzige schwarze Kind in Bielefeld zu der Zeit. Ich habe mir so sehr andere gewünscht, die so wie ich wären.« Es stimme zwar, wenn sie das so sage, aber es sei nur die halbe Wahrheit. »Andererseits habe ich lange Zeit einfach verleugnet, daß ich anders war, habe mein Schwarzsein einfach verleugnet. Da wäre jeder reale Schwarze, dem ich begegnet wäre, nur eine Bedrohung für diese Konstruktion meiner Identität. Als der Lehrer zu mir gesagt hat: ›An dir schwarzem Schwein werde ich mir nicht die Finger schmutzig machen!‹, da war besonders beschämend daran, daß er mir diese Verhüllung heruntergerissen hat, daß ich jetzt da saß und schwarz war und es nicht leugnen konnte, nicht vor mir selbst und nicht vor den anderen.«

Von anderen Schwarzen erfuhr sie, daß auch sie solche Erfahrungen kannten.

»Die Entwicklung dessen, was ich ›mein schwarzes Bewußtsein‹ nenne, ist schmerzhaft verlaufen. Am Anfang, wenn man anfängt, seine Zugehörigkeit zu denen zu realisieren, deren Hautfarbe der eigenen gleicht, deren Erfahrungen den eigenen ähnlich sind, werden alle möglichen Sehnsüchte wach: ich bin so lange von anderen isoliert gewesen, so lange einsam, hier gehöre ich jetzt hin, ich bin eine von ihnen. Hier werde ich verstanden, hier halten alle zu mir, hier bekomme ich alles, was ich brauche, um glücklich zu werden, und Weiße, was habe ich mit Weißen denn überhaupt noch zu schaffen, jetzt, wo ich meine schwarze Gemeinschaft gefunden habe? Man idealisiert. In dieser Zeit ist man ignorant, man zieht sich auf die eigene Gruppe zurück; das ist eine schwierige Zeit auch für die weißen Freunde, die einem bisher in aller Naivität und Unschuld zur Seite gestanden haben, und zu denen man jetzt auf Abstand geht. So ähnlich war das wohl auch in der Frauenbewegung. Es ist eine schwierige Zeit, aber der Prozeß ist notwendig, wenn man eine neue Position im Leben finden will. Aber es ist eine Übergangsphase, die Realitätsprüfung kommt ganz von selbst: man differenziert, von manchen Schwarzen ist man enttäuscht, mit manchen will man später gar nichts mehr zu tun haben, aber andere werden zu echten Freunden, manche begleiten einen bloß eine Zeitlang. Manche Weiße kommen einem wieder näher, näher als zuvor sogar, als immer ein Teil der eigenen Erfahrung ungültig gemacht werden mußte, und mit anderen Weißen ist man für immer fertig. Am Ende ist die soziale Welt, in der man sich bewegt, dann bunter, im wahrsten Sinne des Wortes.«

Wie andere Schwarze las sie in dieser Zeit »Roots«, jenes halb fiktive, halb dokumentarische Buch von Alex Haley, in dem er die Geschichte seiner Vorfahren bis zurück nach Afrika verfolgt.

Wenn einer ganz selbstverständlich irgendwo hingehört, wenn er ganz selbstverständlich jemand ist, mag er sich über die vielen Schwarzen in den USA und über die paar Schwarzen in Deutschland wundern, die nach der Lektüre dieses Buches anfingen, nach ihren Vorfahren zu forschen. Meist kamen sie allerdings nicht weit dabei, meist blieb es bei einem sehnsüchtigen Wunsch, denn der Grund für diesen Wunsch war zugleich auch der Grund für seine Unerfüllbarkeit: die Vorfahren waren nur jemand gewesen, indem sie niemand waren, Vieh, Hausrat, lebendiges Werkzeug, Sklaven eben, die nirgendwo hingehörten, die verkauft und gekauft wurden wie Töpfe, Saatgut, Feuerhaken. Gemeinschaften und Familien, die entstanden, wurden zerrissen, es verschlug einen hierhin und dorthin, man verlor die anderen aus den Augen, und den Kindern und Kindeskindern konnte man nur die Erinnerung daran weitergeben, daß man keine Erinnerung hatte, die Erinnerung daran, daß man niemand war, und die Sehnsucht danach, jemand zu sein. Jemand zu sein, jemand zu werden, indem man in einer sinnvollen Welt, die zuvor schon bestand und weiter andauern würde, Vorfahren hatte und Nachkommen, in einer Gemeinschaft, die sich weit über Räume und Zeiten erstreckte und dennoch ganz bestimmte nahe Orte hatte, die sogar in der eigenen Person war und in den eigenen Empfindungen erspürt werden konnte …

Bärbel las »Roots« während ihres zweiten Urlaubs in Kuba, und wieder sah sie mit Neid und Zuneigung und Hoffnung auf die Leute, die mit ihrer Hautfarbe schamlos im Autobus fuhren, die 16. Straße oder den Malecón entlangschlenderten, die alten Männer, die sich im Friseursalon in La Vibora ungehemmt die krausen grauen Haare schneiden ließen, die kleinen Mädchen im Park, die so schwarz waren, daß es ihnen selbst gar nicht auffiel.

Die Zeit sei schließlich reif gewesen, sagt sie. Irgendwann fand sie mit Hilfe einer Frau, die früher als Telefonistin gearbeitet hatte, eine Telefonnummer heraus: Ballinger's Bus Service in Washington D. C. …

51 »Wenn du heute abend auf die Geburtstagsfeier gehst, rufe ich für dich da an.«

Eine Frauenstimme meldete sich unter der Nummer, ich erklärte ihr, dies sei ein Anruf aus Deutschland, ob ich Mr. Ballinger sprechen könne?

»Hello?« Seine Stimme klang jung, wie ich fand.

»Mein Name ist Harald Gerunde, entschuldigen Sie, daß ich Sie störe. Ich rufe aus Deutschland an, im Auftrag meiner Frau. Es könnte sein, daß meine Frau Ihre Tochter ist.«

Er blieb ganz sachlich und erkundigte sich. Ja, es stimme, er sei mit seiner Einheit in Bielefeld gewesen, aber Ilse Hilbert, nein, an den Namen könne er sich nicht erinnern, wie sie denn damals ausgesehen habe? Groß, blond, ja, es könnte sein, was sie denn über ihn erzählt habe?

Bärbel solle ihm doch bitte ein Foto zusenden.

Eines der Fotos, die er seinerseits schickte, war ein Bild ihrer Mutter.

Ein Vater, ein Vater, ein richtiger Vater, ein eigener Vater, mein eigener Vater, John T. Ballinger, mein schwarzer Vater, ein richtiger Vater mit einer richtigen Adresse, 646 Franklin Street, hier, man kann einen Stadtplan von Washington, D. C. ausfalten und die Straße suchen, und hier, in dieser Straße wohnt mein Vater! Das ist mein Vater, ich habe nämlich auch einen, ätsch, und zwar einen echten! Einen Vater! Und zwar meinen!

Und noch einmal: ein Vater, ein Vater, ein richtiger Vater, ein eigener Vater, mein eigener Vater, mein schwarzer Vater! Ein Vater, ein Vater, ein richtiger Vater, ein eigener Vater, mein eigener Vater, mein schwarzer Vater, ein richtiger Vater mit einer richtigen Adresse, 646 Franklin Street, hier, in dieser Straße wohnt mein Vater! Mein Vater!

Sie hätte durchdrehen können vor Freude.

Aber die Monate bis zum ersten Besuch in Washington wurden noch eine Quälerei.

Nach den ersten Kontakten meldete er sich einfach nicht mehr. Die Euphorie wich wieder einer Angst, und dahinter lauerte wieder die Scham. Was bedeutete das: kein Brief, kein Anruf, wollte er doch nichts mit ihr zu tun haben? Hatte er sich alles anders überlegt? Oder war ihm gar etwas zugestoßen? So kurz vor der ersten Begegnung, sollte irgendetwas geschehen sein, das alles unmöglich machen würde?

»Es war eine der schlimmsten Zeiten in meinem Leben.«

Dann ein Anruf, seine beruhigende Stimme, mein Vater, mein schwarzer Vater, der eine Adresse hat, eine Telefonnummer, eine väterliche Stimme im Hörer, es sei alles in Ordnung, sie brauche sich überhaupt keine Gedanken zu machen ...

Später erfuhren wir, was inzwischen geschehen war: eine defekte Stromleitung im Haus, ein Schwelbrand, unbemerkt, dann das Feuer, er hatte sich gerade noch retten können, mit schweren Brandverletzungen, er hatte im ersten Stock das Fenster eingeschlagen, weil unten die Flammen den Weg versperrten, konnte noch hinausklettern, fast wäre er verbrannt.

»Als Soldat weißt du, wie du dich in einer solchen Situation verhalten mußt. Dafür haben sie uns schließlich ausgebildet«, sagte er und zeigte uns die langsam verheilenden Brandwunden an seinen Unterarmen.

Er holte uns vom Flughafen ab, ein kleiner kugelrunder alter Mann mit Menjou-Bärtchen und Baseballkappe, ein Blumensträußchen für seine Tochter in der Hand. Seine Tochter! Sein Freund mußte heute das Auto fahren, er selbst wäre dazu nicht in der Lage gewesen.

Halb verrückt vor Stolz, in seinem Alter einer dieser jungen Väter aus den Filmkomödien, zeigte er Bärbel überall herum: in seinem Alter noch Vater geworden zu sein! Sogar der Kassiererin im Supermarkt erklärte er: »Das ist meine Tochter aus Deutschland.« »Nett, Sie kennenzulernen.«

Seine alte Nachbarin, eine ehemalige Krankenschwester, sagte: »Gottseidank, daß Sie endlich gekommen sind! Ich kenne Mr. Ballinger schon seit Jahrzehnten, aber seit er wußte, daß Sie ihn besuchen würden, war mit ihm nichts mehr anzufangen. Er ist nur noch über dem Boden geschwebt, vielleicht kommt er jetzt endlich wieder runter.«

Die Frau seines Freundes meinte, das alles sei doch nun wirklich eine Geschichte fürs Fernsehen, nach vierundvierzig Jahren den Vater gefunden, sowas wollten die Leute sehen, Bärbel und er sollten sich wirklich damit ans Fernsehen wenden.

(Irgendwann gab es später tatsächlich eine BBC-Sendung, in der sie Bärbel interviewten und das Foto von ihr und ihrem Vater auf dem Ausflugschiff auf dem Potomac zeigten, dieses Foto, auf dem sie einander so ähnlich sehen.)

Weil das Haus nach dem Feuer noch nicht wieder vollständig renoviert war, wohnten wir während dieses ersten Besuches in einem Motel. Abends, wenn ihr Vater uns dort abgesetzt hatte, kauerte Bärbel sich aufs Bett und starrte vor sich hin. »Sei mir nicht böse, wenn ich nicht mit dir rede, ich bin damit beschäftigt, das alles irgendwie zu begreifen.«

Heute, noch immer damit beschäftigt, es zu begreifen, sagt sie:

»Ich habe ihn geliebt, aber er hat mich auch enttäuscht. Natürlich konnte er mir das, wonach ich mich als Kind so gesehnt habe, nicht mehr geben. Aber auch das, was ich als Erwachsene brauchte ... Wir hatten viele Gespräche, und er hat mir in diesen Gesprächen vermittelt, daß er mir beistehen würde, wann immer es nötig wäre. Du hast jetzt hier ein Zuhause, hat er mir einmal gesagt, als er mit mir allein war. Das war etwas ganz Elementares. Aber er hat meine Ansichten und Auffassungen nicht wirklich an sich herangelassen. Und er hat mich beispielsweise nie in den Arm genommen.

Auch ich war für ihn, glaube ich, eine Enttäuschung. Allein schon wegen meines Geschlechts, mein Vater hatte eine ziemlich frauenverachtende Haltung. Unser einziger richtig heftiger Streit ging genau darum. Frauen denken nur an Geld und Luxus, behauptete er, sie wollen den Mann nur ausnutzen. Ich hielt dagegen, und er hielt dagegen, und wir wurden lauter, und am Ende sah er nichts ein, sondern gab bloß klein bei und sagte, na ja, vielleicht seien die Frauen in Europa anders, könnte möglich sein, aber die Amerikanerinnen seien ganz bestimmt so. Gut war, daß ich einen Mann hatte, und nicht nur das, sondern sogar einen weißen Mann, das wertete mich dann wieder auf. Er war bestimmt auch enttäuscht, daß wir ihn nicht häufiger besucht haben, daß wir nicht öfter um ihn herum waren, daß er einsam blieb, auch nachdem eine Tochter in sein Leben gekommen war.«

52

»Früher habe ich alles abgelehnt, was irgendwie mit Psychotherapie zusammenhing. Es gab diese Subkultur, in der sich alle nur mit der eigenen Befindlichkeit und mit ihrer ach so schlimmen Kindheit beschäftigten. Alles, was darüber hinausging, erst recht alles, was eine Auseinandersetzung mit gesellschaftlichen Verhältnissen, eine politische Analyse erfordert hätte, war in diesen Kreisen uninteressant. Überhaupt war nur man selbst interessant. Was man alles bei Mama und Papa vermißt hatte, was man bei seinem Partner vermißte, was man bei Freunden vermißte, die eigenen tiefen Gefühle, die eigenen Bedürfnisse, die jetzt endlich zum Zuge kommen sollten, die eigenen Wünsche, die dringend erfüllt werden mußten, darum ging es, und nur darum. Ich fand das borniert, egozentrisch. Noch meine Diplomarbeit in Psychologie habe ich über den Psychoboom, über diese Auswüchse geschrieben.«

Daß auch diese Auffassung borniert war, leuchtete ihr irgendwann ein. Ihre Schüler, hatten die nicht schließlich berechtigte Wünsche, waren nicht viele wirklich in Not? Die Unglücklichen, die Verletzten, die, bei denen man ahnte, daß sie verlorengehen würden, die Einsamen, und les enfants terribles ... Da reichten politische Analysen nicht aus.

Durch ein Praktikum in einer Erziehungsberatungsstelle, wo eine Psychologin arbeitete, die Gestalttherapeutin war, kam sie darauf, nach dem Studium selbst eine Ausbildung in Gestalttherapie anzufangen. Diese Psychologin war übrigens in einem Kinderheim aufgewachsen, wo auch ein schwarzes Mädchen lebte, das nach einer Augenverletzung sehbehindert war. Sie meinte, es müsse wohl heute so alt wie Bärbel sein, sie hatte es aus den Augen verloren, als sie selbst das Heim verlassen hatte.

»Im Herbst 1990, in einer Zeit, in der ich mich sehr durch die Zugehörigkeit zu der Gruppe der schwarzen Deutschen definiert habe, wurde bei mir Brustkrebs diagnostiziert. Es war noch vergleichsweise harmlos, ein frühes Stadium, aber nach der Operation, in der Zeit der körperlichen Genesung bekam ich eine ziemlich schwere Depression. Was sollte das alles? Welchen Sinn hatte das alles? Wozu lebte ich überhaupt noch? So einen Zustand kannte ich aus meinem Erwachsenenleben gar nicht (ich glaube allerdings inzwischen, daß ich mit meinem unermüdlichen Tatendrang, mit meinen unzähligen Aktivitäten solche Depressionen auch abgewehrt habe).

Ich hatte schon, bevor die Diagnose gestellt worden war, mit den Organisatoren des Bundestreffens der ›Initiative Schwarze Deutsche‹ vereinbart, daß ich dort einen Workshop ›Einführung in die Gestalttherapie‹ anbieten würde. Denn ich hatte mitbekommen, daß es unter den schwarzen Deutschen, den Jungen wie den Älteren, eine ganze Menge Menschen mit psychischen Problemen gab, denen ich eine Anregung geben wollte, die ich auf therapeutische Möglichkeiten hinweisen wollte. Obwohl es zunächst so aussah, als könnte ich nach der Operation diesen Workshop gar nicht durchführen, habe ich es dann doch gemacht: ich hielt den Arm, unter dem ein Lymphknoten entfernt worden war, immer eng an den Körper gepreßt, und steckte in einer dicken Daunenjacke, weil ich so fror. Wie ein schwarzes Baby, das im Bielefelder Nachkriegswinter gefroren haben mochte. Aber sie war jetzt erwachsen, und den Gefallen, ein Opfer zu sein, wollte sie niemandem mehr tun. Auch einer Krankheit nicht.

Dieser Workshop war in doppelter Hinsicht ein großer Erfolg: die Leute waren begeistert, und ich sah, daß es mich selbst aus der Depression herausführen würde, daß es für mich selbst therapeutisch wäre, wenn ich meine therapeutischen Fähigkeiten den schwarzen Deutschen zur Verfügung stellen würde. Ich habe heute noch ein Foto dieser Gruppe, mit der ich auf dem Bundestreffen gearbeitet habe, in meinem Portemonnaie.«

Niemand ist privat, auch die Erfahrungen und Kenntnisse, das Wissen sind erst dann ein persönliches Eigentum, wenn sie zugleich den anderen gehören.

In den folgenden Jahren arbeitete sie mit fortlaufenden Gruppen in Berlin, ungefähr ein Jahr lang auch in München, Selbsterfahrungsgruppen, später themengebundene Gruppen (»Meine Kindheit«, »Alltäglicher Rassismus«, »Umgang mit Gewalt und Bedrohung«).

»Ich muß heute selbstkritisch sagen, daß so ein Setting, ein paar Wochenendtermine im Jahr, dazwischen nichts, für einige viel zu weitmaschig war, sie hätten eine intensivere therapeutische Begleitung im Alltag gebraucht. Trotzdem habe ich etlichen sehr weitergeholfen, betrachte sie, wenn ich ihnen heute begegne, mit Stolz auf sie und auf meine eigene Leistung.«

In einem Aufsatz, in dem sie über diese therapeutische Arbeit berichtet, schreibt sie: »Die Auseinandersetzung mit den rassistischen Erfahrungen, die Suche nach einem Platz für sich selbst in dieser weißen deutschen Mehrheitsgesellschaft, bestimmen daher als Themen immer wieder die Gruppen- und Einzelarbeit. Wesentliche Bestandteile der psychotherapeutischen Arbeit sind der Aufbau eines realistischen Selbstbildes, die Arbeit am Selbstwert und die Verarbeitung rassistischer Erfahrungen. Letzteres ist u.a. auch notwendig, um zu verhindern, daß aus Opfern Täter werden ...«[105]

»Ich habe mit den Gruppen in Berlin aufgehört, weil eben die Form nicht mehr stimmte, aber auch, weil ich hier in Gelsenkirchen und in der Umgebung eingespannt war. Ich habe die ›Gelsenkirchener Tage gegen Rassismus‹ ins Leben gerufen und habe mit Eltern schwarzer Kinder gearbeitet, ganz ausdrücklich zum Thema Rassismus: was ist Rassismus überhaupt, welche rassistischen Erfahrungen machen schwarze Kinder in Deutschland, wie können Eltern sich verhalten, welche politischen Aufgaben stellen sich ... Aber auch: der schöne schwarze Mann, der edle Wilde, dieser fantastische Musiker, dessen Aussehen schon ein ganz anderes Leben verheißt – und dann, wenn man sich miteinander eingelassen hat, der banale schwierige Alltag in einer schwarz-weißen Beziehung, die Diskriminierung, die Mißverständnisse, finanzielle Probleme, und wie sich all das wieder auf die Kinder auswirkt, und wie die Kinder ihrerseits wieder zu einer Belastung werden …«

»Heute denke ich allerdings, daß ich mich auch überfordert habe, vor allem in der Arbeit mit den schwarzen Deutschen. Jetzt könnte ich es besser, weil ich inzwischen mehr Distanz habe und gelassener geworden bin. Damals mußte ich das unbedingt machen, unbedingt, mit einem missionarischen Eifer: es sollte sich unbedingt etwas ändern, unbedingt! Ich habe mir so hohe Ziele gesteckt, ich wollte das scheinbar Unvereinbare vereinen, Mehrheiten und Minderheiten, Schwarze und Weiße, Deutsche und Ausländer … Als wäre nur ich für diese Aufgabe vorgesehen, wegen meiner besonderen Herkunft. Als müßte ich ganz allein diese riesige Aufgabe bewältigen, die Menschen zusammenzubringen, Gerechtigkeit zu schaffen. Heute bin ich bescheidener geworden, nicht mehr solche großangelegten Sachen, es genügt doch, ein halbwegs anständiger Mensch zu sein und die paar Dinge zu tun, die man kann, das reicht, um seinem Leben einen Sinn zu geben.

Du bist mitverantwortlich, sicher, aber im Rahmen der Möglichkeiten. Meine erste Eins in Staatsbürgerkunde habe ich bekommen, weil mich mein Lehrer auf der Straße dabei beobachtet hatte, wie ich einen danebenliegenden Gullydeckel wieder auf den offenen Gully gelegt habe, damit niemand über den Deckel stolpern oder in das Loch treten konnte. Das hat er beobachtet und mich in der nächsten Stunde vor der Klasse als Beispiel herausgestellt und mir die Eins gegeben.

Aber wenn ich sage ›im Rahmen der Möglichkeiten‹, das heißt bestimmt nicht, daß ich unpolitisch geworden wäre! Auch nicht halbherzig, ohne Leidenschaft – es heißt nur, daß ich mich nicht mehr selbst überschätze.«

53 Ein paar Jahre, nachdem der Brustkrebs überstanden war, bekam sie wieder Krebs, eine ganz andere Krankheit allerdings, unabhängig von der ersten, und sehr viel schlimmer diesmal, lebensbedrohlich: Urothelkarzinom, eine Niere wurde entfernt, es traten Rezidive auf, immer wieder, schließlich bildeten sich Metastasen in den Lungenflügeln.

Eine Berufskrankheit? Anilinverbindungen, denen sie als Biologielaborantin ausgesetzt gewesen war? Die Toxizitätsprüfungen in den Labors der A-Werke, von B, von Sch?

Was Bärbels Krankheiten betrifft, so sind auch sie nicht privat, es sind auch die Krankheiten all der anderen, aber das tröstet nicht, wenn man Schmerzen und Angst hat: jeder ist all die anderen auf seine einmalige Weise. Manche Geschichten können also nicht erzählt werden, manche dürfen nicht erzählt werden, manche gehen keinen etwas an.

In Guinea haben sie ein Märchen:

In alter Zeit, wenn der Tod die Menschen holen sollte, kam er zu ihnen und kündigte sich an: »Hör mal, Bruder, es ist bald Zeit für dich, mit mir zu gehen. Bring noch deine Angelegenheiten in Ordnung und nimm Abschied von deinen Verwandten und Freunden, und dann kommst du mit mir.« Und zu wem er kam und sich ankündigte, der ordnete noch seine Angelegenheiten und nahm Abschied, und dann ging er mit dem Tod davon, ohne zu zögern und ohne sich noch einmal umzusehen. So war es in alter Zeit.

Aber dann, eines Tages, suchte der Tod einen Mann auf und sprach wieder wie unzählige Male schon: »Bruder, bereite dich vor, mit mir zu kommen. Bring deine Angelegenheiten in Ordnung, nimm Abschied von deinen Verwandten und Freunden, und dann begleite mich, wie es sein soll.«

Aber dieser Mann dachte nicht daran, sich zu verhalten, wie es sein sollte: anstatt den Tod zu begleiten, zeigte er ihm den Arsch!

Der Tod war erbost, er war empört, er geriet außer sich; er ging und beschwerte sich bei Gott: »Siehst du,« zeterte er, »das kommt dabei heraus, wenn man den Leuten Zeit läßt, sich vorzubereiten. Sie hängen am Leben, sie wollen mir nicht folgen, sie bleiben einfach da, ich kann meine Arbeit nicht tun. Ich verlange von dir, daß du es mir leichter machst, meine Aufgabe zu erfüllen.«

»Gut,« erwiderte Gott, »von nun an wirst du dich nicht mehr ankündigen und ihnen Zeit lassen, sich vorzubereiten. Du wirst sie überrumpeln und mit dir zerren, bevor sie überhaupt begreifen, was mit ihnen geschieht.«

Und so ist es seither. Der Tod kommt plötzlich, unerwartet, und reißt sie mit sich, Kinder, alte Leute, kräftige Männer und Frauen, Städter und Leute vom Land, den Reichen wie den Armen, Dumme, Kluge, Schöne, Häßliche …

In Conakry setzte sich ein attraktiver, gut gelaunter Mann, der in Begleitung seiner ebenso attraktiven und gut gelaunten Frau gekommen war, zu uns auf die Terrasse. Den meisten der unzähligen Gäste, die Jean-Claude in diesen Tagen hatte, brachte ihr Besuch irgendeinen Vorteil ein, ein bißchen Geld, Fürsprache irgendwo, ein Arrangement mit Verwandten in Europa. Diesem Mann hier gings um ein bißchen Geld.

»Ein armer Kerl,« erzählte Jean-Claude später. »Der hatte angefangen, Mathematik zu studieren, ein hochintelligenter Typ. Na ja, ganz so intelligent kann er auch nicht gewesen sein, er hat nämlich das Studium abgebrochen und hat sich, anständig wie er war, anwerben lassen für den Guerillakrieg gegen Sékou Touré: die Heimat vom Tyrannen befreien, wißt ihr. Man hat ihn mit den anderen auf irgendeine Insel verfrachtet, da haben sie Schießübungen gemacht, bis ihnen die Munition ausgegangen ist und dann auch die Nahrungsmittel. Die Führer haben das Geld, das man für die Guerrilleros gesammelt hatte, in Paris verjubelt, mit Champagner und so was, und die sind da auf ihrer Insel fast verhungert.« Das machte er seither die ganze Zeit, fast verhungern, erst im Exil, nach dem Tod von Sékou Touré dann wieder in Guinea, ein abgebrochener Student, für den es keine Verwendung gab, er hatte nichts, keine Position, keine Beziehungen, keinerlei Einkommen und keinerlei Aussichten. Jetzt war er dabei, eine Familie zu gründen, die das gleiche tun würde wie er, fast verhungern.

»Das Schöne an meiner Lage ist, daß ich nicht mehr tiefer sinken kann«, meinte er. Das stimmte, und er schüttete sich aus vor Lachen darüber.

»Der ist für mich so etwas wie ein Vorbild geworden«, sagt Bärbel. »Wenns mir ganz schlecht geht, wenn ich dabei bin, alle Hoffnung aufzugeben, denke ich an ihn: Das Schöne an meiner Lage ist, daß ich nicht mehr tiefer sinken kann!«

54 »In schon vorgerücktem Alter kamen Sie 1920 zur Stadtverwaltung Bielefeld. Auch hier haben Sie ihren Dienst stets in treuer Pflichterfüllung gewissenhaft versehen und Ihren Mann gestanden, bis die schwere Erkrankung über Sie kam.«

Was würde Georg Hilbert zu seiner Enkeltochter sagen, zu dieser Oberregierungsrätin, in deren Büro ein gerahmtes Foto von Nelson Mandela mit seinem Enkelkind auf dem Arm hängt?

55 Heimat, heimkehren?

Bärbel, eine von uns. Das einzige schwarze Kind in Bielefeld, andere Kinder haben sie deswegen geschlagen. Sie hat auf der Haller Straße gespielt, verbrachte den Sommer im Freibad und ist im Winter Ski gelaufen. Sie strolchte mit Uschi durch die Gegend, saß beim Milchshake in der plüschigen Eisdiele »Miezekatze«, hat sich im Kino herumgedrückt, ist mit Franzi für irgendwelchen Blödsinn wieder aus dem Klassenzimmer geflogen.

In Bremen hatte sie Heimweh, sehnte sich nach ihrer Großmutter. Wenn sie abends im Bett lag, hörte sie beim Einschlafen die Nebelhörner der Schiffe, sie klangen nach Sehnsucht und zugleich schon nach Erfüllung, sie hatte Heimweh und war im Heimweh daheim.

War sie in Köln daheim, im Aufbruch in die bessere Welt?

Nach einem Workshop für Schwarze, den sie geleitet hat, ist sie mit sieben anderen Schwarzen in einem Kleinbus heimgefahren. Wie die Leute in der Autobahnraststätte die acht an der Selbstbedienungstheke angestarrt haben: den Weißen kanns unbehaglich werden, wenn genügend Schwarze beisammen sind, daß sie sich notfalls wehren würden. Eine von uns. Ist sie in der »Initiative Schwarze Deutsche« daheim, bei den jungen Leuten, die sie bewundern?

In ihrer pädagogischen, politischen oder therapeutischen Arbeit?

Eine von uns: gehört sie zu ihren Freunden, zu mir?

Die Ahnen, die Wächter: Vom dicken Ast im Feuer sprühten Funken, und ein Alter erzählte die Geschichten, die er in den anderen wußte, die Geschichten, die am Tag nicht erzählt werden durften.

Später verschwand eine Frau, deren Kind verkauft wurde, mit der Schlange im Gras, huschte mit der Ratte hinter den Holzstoß, als es zu viel wurde. Eine andere floh vor den Schmerzen in eine Hibiskusblüte, in ein buntes Gefieder, und dann, eines Tages, erscheint ein fremder buntgefiederter Vogel im Garten, oder es raschelt nachts im Zimmer, oder es zirpt so seltsam, denn die ist auch eine von uns, sieh sie dir an, diese Falten um ihren Mund, Deutschland, wo auch immer das sein mag, Deutschland.

Als in Kindia die alten Männer in den Hof kamen, festlich gekleidet für die Begrüßung der Gäste, habe sie sich gefühlt, als sei sie endlich heimgekehrt: an ihren Ort, zu ihren Leuten, wie nach langer Abwesenheit. Heimgekehrt?

Jemand zu sein, jemand zu werden, indem man in einer sinnvollen Welt, die zuvor schon bestand und weiter andauern würde, Vorfahren hatte und Nachkommen, in einer Gemeinschaft, die sich weit über Räume und Zeiten erstreckte und dennoch ganz bestimmte nahe Orte hatte, die sogar in der eigenen Person war und in den eigenen Empfindungen erspürt werden konnte ... Oder von der man ahnte, daß sie in einer Zukunft entstehen würde ...

»Oma«, das wußte man, bevor es Worte gab, das wußte man, bevor man überhaupt etwas wußte. »Oma«, das hieß vertraute Gerüche, Wärme in der kalten Zeit, »Oma« war ein Körper, an den man sich schmiegen konnte, ein Zopf, den man vorm Einschlafen in die kleine Hand nehmen konnte, um sicherzugehen, daß alles gut war. »Oma«, das wird man wohl auch dann noch wissen, wenn man nichts anderes mehr weiß.

Die Großmutter kam aus Otterndorf im Alten Land. Vielleicht, sagt Bärbel, habe sie von der Großmutter die Liebe zum Meer mitbekommen.

Das Meer hat so viele Farben: türkis, flaschengrün, hellblau, dunkelblau, malvenfarbig oder grau wie Schiefer, manchmal sogar schwarz, manchmal aufschäumend weiß, manchmal wie ein Spiegel, am Abend rot, rosig oder golden, aber immer das Meer, nie gleich, aber immer dasselbe, wie es kommt und geht und bleibt.

Anmerkungen

1 Sure 30: 23
2 Lilienthal 1993, S. 33
3 Boberach 1968, S. 7
4 Neues Deutschland vom 8./9. 1. 1994, S. 9
5 Neues Deutschland vom 8./9. 1. 1994, S. 9
6 Amoateng 1989/1990, S. 32
7 Amoateng 1989/1990, S. 27
8 Michael 1959, S. 53
9 Michael 1959, S. 54
10 Michael 1959, S. 2
11 Michael 1959, S. 73
12 DIE ZEIT vom 23. 4. 1998, S. 36
13 Michael 1959, S. 73
14 Hecker 1992, S. 226/227
15 Neues Deutschland vom 8./9. 1. 1994, S. 9
16 Cigaretten-Bilderdienst 1936, S. 21
17 Neues Deutschland vom 8./9. 1. 1994, S. 9
18 Gilbert 1993, S. 220
19 Brehm o. J., S. 316
20 Vesper 1983, S. 60
21 Melber 1986, S. 86–87
22 Nuhn 1997, S. 284
23 Nuhn 1997, S. 343
24 Schmidt-Richberg, S. 206
25 Vesper 1983, S. 261
26 Nuhn 1997, S. 50
27 Graudenz/Schindler 1995, S. 65/66
28 Heinsohn 1998, S. 163–164
29 Heinsohn 1998, S. 175
30 Nuhn 1997, S. 307
31 Harnack 1920, S. 41 u. S. 44
32 Segal 1991, S. 105
33 Oguntoye 1997, S. 138
34 DIE ZEIT vom 23. 4. 98, S. 36
35 Neue Ges. f. bild. Kunst/Kunstamt Kreuzberg 1976, S. 46
36 Neues Deutschland vom 8./9. 1. 1994, S. 9
37 Neues Deutschland vom 8./9. 1. 1994, S. 9
38 Böttcher 1958, S. 73
39 Neues Deutschland vom 8./9. 1. 1994, S. 9
40 Lehmann 1965, S. 57
41 Lehmann 1965, S. 57
42 Lee 1967, S. 167
43 Lee 1967, S. 45

44 Lee 1967, S. 47
45 King 1989, S. 121, S. 122 u. S.124
46 Lee 1967, S. 14
47 Lee 1967, S. 14
48 D=Eramo 1996, S. 280
49 Everett 1996, S. 97
50 Lehmann 1965, S. 74
51 Killens/Ward 1992, S. 353
52 Ki-Zerbo 1981, S. 229
53 Everett 1996, S. 94/95, S. 101, S. 126–131
54 Lehmann 1965, S. 28
55 Treppte o. J., S. 14 – 16
56 Monteil 1980, S. 171
57 Mbiti 1974, S. 136
58 Bâ 1996, S. 27
59 McKissack/McKissack 1995, S. 68 u. S. 70
60 Monteil 1980, S. 33–35
61 Klein 1998, S. 94
62 Klein 1998, S. 192–195, S. 238–239
63 Klein 1998, S. 216f.
64 Bâ 1972, S. 12
65 2. Mose 20, 5–6
66 Oheim 1956, S. 41 u. S. 124
67 Smith 1994, S. 399
68 Kater 1998, S. 64–68
69 Michael 1959, S. 65
70 Michael 1959, S. 59
71 Oheim 1956, S. 136
72 Lee 1967, S. 109
73 Lee 1967, S. 167
74 De la Roche 1959, S. 181
75 Neues Deutschland vom 8./9. 1. 1994, S. 9
76 WAZ vom 29.05.1999, S. 1
77 Bauman 1992, S. 199
78 Gilbert 1993, S. 50–52 u. S. 437–438
79 Marx 1972, S. 148
80 Marx 1971, S. 560
81 Marx 1971, S. 242–243
82 Willinsky 1965, S. 9
83 Gramsci 1967, S. 152
84 Lee 1967, S. 135
85 Lehmann 1965, S. 157–165
86 Apostelgeschichte 5, 29
87 Grant 1968, S. 53–59
88 Bâ 1994, S. 387

89 Grant 1968, S. 251 u. S. 277–278
90 Institut für Stadtgeschichte Gelsenkirchen 1998, S. 15
91 Hilgard/Bower 1973, S. 194
92 RAA Gelsenkirchen 1988, S. 76
93 RAA Gelsenkirchen 1988, S. 53–54
94 RAA Gelsenkirchen 1993, S. 1
95 RAA Gelsenkirchen 1993, S. 17
96 Neues Deutschland vom 8./9. 1. 1994, S. 9
97 Der Spiegel Nr. 37/91, die Zit. auf S. 36/37 u. S. 63
98 Kampmann, Handlungsebenen 1994, S. 193–194
99 Kampmann, Schwarze Deutsche, 1994, S. 133 – 134
100 Westdeutsche Allgemeine Zeitung vom 4. 9. 1998; tageszeitung vom 4. 9. 1998
101 Westdeutsche Allgemeine Zeitung vom 11. 9. 1998
102 Bah 1990, S. 86
103 Bah 1990, S. 37
104 Legum 1988, S. B 44
105 Kampmann 1994, S. 131

(Bibliographische Angaben siehe *Quellen*)

Quellen

(Damit das Quellenverzeichnis nicht zu umfangreich wird, führe ich nur die Quellen an, auf die ich im Text unmittelbar, z. B. durch Zitate, bezugnehme.)

Amoateng, J.: Die schwarze deutsche Erfahrung, unveröffentlichte Hausarbeit (im S 15436: Migration im internationalen System), TU Berlin, WS 1989/1990

Bâ, A. H.: Aspects de la civilisation africaine (personne, culture, religion), Paris: Ed. Présence Africaine 1972

Bâ, A. H.: Contes initiatiques peuls, Paris: Ed. Stock 1994

Bâ, A. H.: Amkoullel, lenfant peul, Mémoires, Paris: Ed. J'ai lu 1996 (deutsch: Jäger des Wortes. Wuppertal: Peter Hammer Verlag 1995)

Bah, M.: Construire la Guinée après Sékou Touré, Paris: LHarmattan 1990

Bauman, Z.: Dialektik der Ordnung. Die Moderne und der Holocaust, Hamburg: EVA 1992

Boberach, H. (Hrsg.): Meldungen aus dem Reich, Auswahl aus den geheimen Lageberichten des Sicherheitsdienstes der SS 1939–1944, München: dtv 1968

Böttcher, H. M.: Walther Rathenau, Persönlichkeit und Werk, Bonn: Athenäum 1958

Brehm, A.: Das Leben der Tiere, Die Vögel, Berlin: Deutsche Buch-Gemeinschaft o. J.

Cigaretten-Bilderdienst (Hrsg.): Adolf Hitler, Bilder aus dem Leben des Führers, Hamburg-Bahrenfeld 1936

De la Roche, M.: Die Familie auf Jalna, Frankfurt/Main: Büchergilde Gutenberg 1959

D'Eramo, M.: Das Schwein und der Wolkenkratzer, Chicago: Eine Geschichte unserer Zukunft, München 1996

Everett, S.: History of Slavery, London: Grange Books 1996

Geiss, I.: Geschichte des Rassismus, Frankfurt/Main: ed. suhrkamp 1988

Gilbert, G. M.: Nürnberger Tagebuch, Gespräche der Angeklagten mit dem Gerichtspsychologen, Frankfurt/Main: Fischer TB 1993

Gramsci, A.: Philosophie der Praxis, Eine Auswahl, Frankfurt/Main: Fischer 1967

Grant, J. (Hrsg.): Black Protest. History, Documents and Analyses 1619 to the Present, Greenwich: Fawcett 1968

Graudenz, K. und Schindler, H. M.: Die deutschen Kolonien, Geschichte der deutschen Schutzgebiete in Wort, Bild und Karte, 8. Aufl., Augsburg: Weltbild 1995

Harnack, A. v.: Das Wesen des Christentums, Leipzig: Hinrichsche Buchhandlung 1920

Hecker, M.: Familienrekonstruktion in Deutschland. Ein Versuch, sich der Vergangenheit zu stellen, in: Heimannsberg, B. und Schmidt, Chr. J. (Hrsg.): Nationalsozialistische Vergangenheit und gebrochene Identität in der Psychotherapie, Köln: EHP 1992, S. 225–246

Heinsohn, G.: Lexikon der Völkermorde, Reinbek bei Hamburg: Rowohlt TB 1998
Hilgard, E. R. und Bower, G. H.: Theorien des Lernens I, 3. Aufl., Stuttgart: Klett 1973
Institut für Stadtgeschichte Gelsenkirchen (Hrsg.): Historische Spuren vor Ort – Gelsenkirchen im Nationalsozialismus, Essen: Klartext 1998
Kampmann, B.: Handlungsebenen und Interventionsstrategien gegen Rassismus, in: Nestvogel, R. (Hrsg.): »Fremdes« oder »Eigenes«? Rassismus, Antisemitismus, Kolonialismus und Rechtsextremismus aus Frauensicht, Frankfurt/Main: IKO-Verlag für Interkulturelle Kommunikation 1994, S. 189–203
Kampmann, B.: Schwarze Deutsche. Lebensrealität und Probleme einer wenig beachteten Minderheit, in: Mecheril, P. und Teo, Th. (Hrsg.): Andere Deutsche. Zur Lebenssituation von Menschen multiethnischer und multikultureller Herkunft, Berlin: Dietz 1994, S. 125–143
Kater, M. H.: Die mißbrauchte Muse, Musiker im Dritten Reich, München: Europa 1998
Killens, J. O. und Ward, J. W. (Hrsg.): Black Southern Voices. An Anthology of Fiction, Poetry, Drama, Nonfiction, and Critical Essays, New York: Meridian 1992
King, M. L.: Testament der Hoffnung. Letzte Reden, Aufsätze und Predigten, 6. Aufl., Gütersloh: GTB-Siebenstern 1989
Ki-Zerbo, J.: Die Geschichte Schwarzafrikas, Wuppertal: Peter Hammer Verlag 1981
Klein, M.: Slavery and Colonial Rule in French West Africa, Cambridge: Cambridge University Press 1998
Lee, B.: Amerikaner zweiter Klasse, Ein Dokumentarbuch über die Neger in den USA, Genf: Kossodo 1967
Legum, C. (Hrsg.): Africa Contemporary Record. Annual Survey and Documents 1986–1987, New York 1988
Lehmann, Th.: Negro Spirituals, Geschichte und Theologie, o. O.: Eckart 1965
Lilienthal, G.: Der »Lebensborn e. V.«, Ein Instrument nationalsozialistischer Rassenpolitik, überarb. u. erw. Aufl., Frankfurt/Main: Fischer TB 1993
Marx, K.: Die Frühschriften (Hrsg. S. Landshut), Stuttgart: Kröner 1971
Marx, K.: Das Kapital Bd. I, 4. Aufl., Frankfurt/Main: Ullstein 1972
Marx, K. und Engels, F.: Ausgewählte Briefe, Berlin: Dietz 1953
Mbiti, J. S.: Afrikanische Religion und Weltanschauung, Berlin: de Gruyter 1974
McKissack, P. und McKissack, F.: The Royal Kingdoms of Ghana, Mali and Songhay, Life in Medieval Africa, New York: Holt 1995
Melber, H.: Die Ausbeutung der Kolonien: Von Kolonialpolitikern, Plantagenbesitzern, Siedlern, Minengesellschaften und ihren »Objekten«, in: Hinz, M. O., Patemann, H. und Meier, A. (Hrsg.): Weiß auf Schwarz. Kolonialismus, Apartheid und afrikanischer Widerstand, 2. aktual. u. erw. Aufl., Berlin: Elefanten-Press 1986, S. 84–89

Michael, Th. W.: Die Sozialisierung der illegitimen Kinder von farbigen amerikanischen Soldaten und deutschen Frauen in einer hessischen Kleinstadt, unveröffentlichte Examensarbeit an der Akademie für Gemeinwirtschaft Hamburg, 1959
Monteil, V.: L'Islam noir, Une religion à la conquête de l'Afrique, 3ème édition refondue, Paris: Ed. du Seuil 1980
Neue Gesellschaft für bildende Kunst und Kunstamt Kreuzberg (Hrsg.): Faschismus, Renzo Vespignani, Berlin: Elefanten-Press 1976
Nuhn, W.: Sturm über Südwest, Der Hereroaufstand von 1904 – Ein düsteres Kapitel der deutschen kolonialen Vergangenheit Namibias, Bonn: Bernard & Graefe 1997
Oguntoye, K.: Eine afro-deutsche Geschichte. Zur Lebenssituation von Afrikanern und Afro-Deutschen in Deutschland von 1884 bis 1950, Berlin: Hoho 1997
Oheim, G.: Einmaleins des guten Tons, 9. Aufl., Gütersloh: Bertelsmann 1956
RAA Gelsenkirchen (Hrsg.): Kinder und Jugendliche aus dem Libanon als menschliche und pädagogische Herausforderung, Ein Leitfaden zur Beschulung, vervielfältigte Sammlung, Gelsenkirchen 1988
RAA Gelsenkirchen (Hrsg.): Flüchtlingskinder, Ein Leitfaden für die pädagogische Arbeit, vervielfältigte Sammlung, Gelsenkirchen 1993
Schmidt-Richberg, W.: Die Regierungszeit Wilhelm II., in: Militärgeschichtliches Forschungsamt (Hrsg.): Handbuch zur deutschen Militärgeschichte, Bd. 3, S. 9 – 155
Segal, L.: Die Hohenpriester der Vernichtung. Anthropologen, Mediziner und Psychiater als Wegbereiter von Selektion und Mord im Dritten Reich, Berlin: Dietz 1991
Smith, J. C.: Blacks First, 2.000 Years of Extraordinary Achievements, Detroit: Visible Ink 1994
Treppte, C.: Aitoubako – die Frau, die mit dem Weißen ging, vervielfältigtes Manuskript o. J.
Vesper, M.: Überleben in Namibia, »Homelands« und kapitalistisches Weltsystem, Bonn: Informationsstelle Südliches Afrika 1983
Willinsky, G.: Kochbuch der Büchergilde, Frankfurt/Main: Büchergilde Gutenberg 1965

Verwendete Zeitungen und Zeitschriften:
– Neues Deutschland
– Der Spiegel
– Die Zeit
– tageszeitung
– Westdeutsche Allgemeine Zeitung